上海电机学院上海学重点学科建设专项资助

·上海电机学院上海学系列丛书·

沪上观澜

第二届上海学学术研讨会论文集

Dierjie Shanghaixue Xueshu Yantaohui Lunwenji

何小刚　主编

上海社会科学院出版社
SHANGHAI ACADEMY OF SOCIAL SCIENCES PRESS

总　　序

上海是中国近代文明的桥头堡和先行者,是当今我国最大的经济中心和重要的文化基地。从 1843 年开埠到今天自由贸易试验区的建立,充分证明了上海在中国历史和当代社会发展中的重要地位。近年来,随着上海经济实力的增强和国际影响力的不断提升,国内外关于上海的海派文化与风格、经济发展与转型、社会进步与变迁、技术创新与进步等带有上海地方特色的研究越来越成为一门显学。这种研究不仅具有学术价值,同时,也为上海社会建设的决策和城市未来的发展提供了有益参考,彰显了人文学术在当代意义上的新觉醒。

上海独特的政治、经济和文化地位以及其文化的多元化和多样性,使得"上海学"拥有了广阔的研究空间,它涉及几乎全部自然学科及人文学科的方方面面,因此,其研究当是一幅气魄宏大、内涵丰富而又色彩斑斓的学术画卷。处于改革开放前沿的上海电机学院当仁不让地加入了这一最具学术生长点的课题,学校领导以高瞻远瞩的气概,决定以人文社科学院为根据地,建立上海学重点学科,对上海的历史、现在和未来进行跨学科交叉研究。

人文社科学院对于这一研究领域有着得天独厚的地缘优势和学科优势,从事人文社会科学、马克思主义理论研究和教学的同道们,有着不同的学科背景,涉及历史学、地理学、法学、文学、哲学、经济学、管理学等,有利于从各自角度进行学术审视、交叉比对和纵深发掘。在教学和科研中,大家感受着上海的历史、文化和社会变迁对于中国乃至世界的巨大影响,以及海派文化在奋进中表现出的精神和文明的张力,深感有责任、有义务将上海在发展过程中的经验教训总结出来,聚焦政治和法律、经济与生态、安全与外交、社会与文化、科学和技术等与当代社会建设联系更密切的诸方面,以面向当代、服务上海为目标,为上海、为中国乃至世界的未来发展提供借鉴。基于这一宗旨,我们拟将团队的研究成果纳入"上海学研究系列丛书",与上海社会科学院出版社合作付梓,陆续奉献给海内外同行,以求切磋评骘。

"上海学"域界宽广,而我们尚属起步,望前路而惶恐,临万顷而徘徊,然开疆拓土,不敢有怠。虽然我们的研究队伍多半是刚刚毕业的研究生,且大多是来自五湖四海的"新上海人",但却朝气蓬勃,充满学术热情,不仅熟稔上海这座光荣城市的辉煌历史,更有着对上海这座国际大都市以及"上海学"研究的由衷热爱。我们相信,只要以精卫填海的精神,筚路蓝缕,孜孜矻矻,秉承电机人"自强不息、追求卓越"的精神,凝聚电机人的智慧和胆识,在与国内外同行研讨和交流的过程中,钩深致远,求真知卓见,我们的"上海学"研究有朝一日定能如茧蝶之化、鱼龙之跃、鲲鹏之腾。而今迈步,只需怀着不问收获,只管耕耘的虔诚,以及严谨图新、修业求精的态度,辟蹊径,积跬步,于荒丛草径中蹚出一条新路,在社会主义核心价值观的引领下,为上海的学术研究增添一抹亮丽的色彩,有诗为证:

> 东海扬波巨龙醒,
> 电机学人志气高。
> 兼容并包人为本,
> 大道至上领风骚。
> 涓涓细流终成海,
> 孜孜以求不动摇。
> 大气谦和传天下,
> 明珠闪耀赖今朝。

何小刚

2015 年 6 月 30 日于临港新城

前　言

　　20 世纪 80 年代,沪上专家就曾热切地讨论过上海学的问题。此后,断断续续,一直没有形成系统的全方位的研究平台。作为如今生活和工作在这里的上海人,对此感受尤深。在沪上前辈学者多年探讨研究基础上,上海电机学院因身处自贸区而不揣简陋,一批从事哲学、社会学、经济学、历史学的青年学者,试图用自己的微薄之力,为发掘这个伟大城市的精神,在学校领导的大力支持下而成立上海学学科,无非是为建立一个上海学的平台。上海,作为繁荣的国际大都市,从近代开始,一直开风气之先。从某种意义上讲,上海引领着中国近代化的历史进程。

　　作为中国民族工业的发祥地,上海地处长江入海口,东向东海,南濒杭州湾,西经江浙而与内地相接,是新形势下申苏浙皖大长三角经济圈的龙头。全面系统地整理和研究上海的社会、经济、人文的发展和规律,是研究中国近代化的必不可少的环节,具有极重要的意义。上海学的兴起,也因之成了历史的必然。

　　上海是 1986 年国务院颁布的第二批 38 所历史名城之一,历史悠久。其西部成陆时间当在 6 000 年前,市区成陆在公元 10 世纪前叶。秦始皇统一后设立的会稽郡就包括今天的嘉定、松江和部分市区。公元前 210 年,秦始皇南巡时就经过了今天的松江、青浦一带。晋时,上海地区依靠渔、盐之利,经济已经相当发达。唐时,置华亭县,辖今天的昆山南、嘉兴东部分地区,县治在松江。宋初,那时华亭县以东的海滩,已经成为重要盐场,商业日益发达。至熙宁年间(1068—1077),贸易中心转移到华亭东北地区,这里由渔村变成初具规模的小镇。1267年,在此正式设立镇治,因地处上海浦西侧,便称上海镇。元时,在上海镇设立市舶司,与广州、泉州、温州、杭州、庆元、澉浦合称全国七大市舶司。1291 年,正式建上海县。这是上海建城的开始。明代,上海地区商肆酒楼林立,已经成为远近闻名的东南名邑。明末清初,逐步形成了今天上海的规模。到 1840 年鸦片战争前夕,上海县东界川沙,南邻南汇,西接青浦,北连宝山。县城内有街巷 63 条,商店林立,鲜萃羽集,地大物博,被称为"江海之通津,东南之都会"。

1842 年 8 月,中英《南京条约》第三款规定,英国人可以携眷属在广州、福州、厦门、宁波、上海五处港口居住、贸易通商。1843 年 10 月,中英《虎门条约》第九款进一步规定,中国地方官必须与英国管事官就英国人于何地方、用何房屋和基地租赁达成协议。1843 年 11 月 17 日,上海正式开埠。那之后的一百多年里,西方列强在上海竞相设立租界,上海成了冒险家的乐园。北伐战争之后,上海的民族工业得到了发展。1932 年的"一·二八"对日抗战,1937 年的淞沪会战都在中国近代历史上留下了辉煌的印记。共和国成立后,上海作为直辖市,在工业、科技、教育等方面,一直为国家工业体系的建立和其他方面的发展和繁荣起着引领作用。计划经济时代的上海,是中国先进制造工业的标志。改革开放后的上海浦东,更是中国特色社会主义建设的重要基地。

上海是中国的历史文化名城,拥有深厚的近代城市文化底蕴和众多历史古迹。魏晋南北朝以后,江南的开发,吴越传统文化与开埠后传入的欧美近现代工业文明的融合,形成了特有的海派文化。今天的上海是一个起着举足轻重的作用、担当着重要的历史角色的国际大都市。2010 年,上海成功举办了世界博览会。近年来,上海又陆续成功举办了中国上海国际艺术节、上海国际电影节、亚太经济合作组织(APEC)领导人会议等大型国际活动。著名的上海合作组织于1996 年发端于上海。

上海是中国的经济、交通、科技、工业、金融、贸易、会展和航运中心。其GDP 总量居中国城市之首,货物吞吐量和集装箱吞吐量均居世界第一,正致力于在 2020 年建成经济、金融、航运和贸易中心。同时,上海是一个教育高地,有70 多所本专科高校,其中有超过 10 所的大学是国内一流大学。在全部高校中,有半数的学校是富有特色的专门职业技术学院,它们在中国大陆的高等教育中起着举足轻重的作用。上海,对中国以至世界的影响,远远超出了一座城市的范畴。它本身 6 000 年的历史文化的浸润,而在 1842 年以后又开风气之先,是中国近代化的桥头堡。2013 年,上海又被国家确定为中国第一个自由贸易试验区并挂牌运行,更使得今天的上海在未来中国的战略发展、经济转型、社会进步等诸多方面将起着标杆作用。

研究上海,是上海人的历史使命。因此,我们有了上海学学科的建立,有了一批热爱上海、关注上海的过去、现在和未来的全国各地的学者。2015 年底,我们邀请国内有兴趣者,参与讨论研究,召开了第二届上海学学术讨论会,形成了这本论文集。我们希望以此为一开端,形成对上海学的研究探讨之风。作为近代与西方接触最早、现代化程度最高的城市,我们希望上海能在今天中国特色社会主义建设的实践中再一次起到引领作用,而这,就需要对上海的历史积淀中形成的精神、人文、风格作系统深入的研究。我们热切地寄希望于对此有兴趣的学者。

编　者

2016 年 6 月 6 日于沪上

目录 CONTENTS

"上海经验"在南通

——上海学学科建设考察报告之南通篇[*]

刘炳涛[1]　何小刚[2]

（1 上海电机学院马克思主义学院，副教授，上海 201306；

2 上海电机学院马克思主义学院，教授，上海 201306）

　　长江之尾，上海彼岸，有一座名为南通的城市，成为本次上海学学科建设考察的对象。之所以选择南通基于两点考虑：一是地缘因素，上海和南通处长江南北两端，同为长江入海口，在地理区位上具有相同的作用，尤其是港口建设；二是历史因素，南通在近代史上独特的地位，在中国近代史上，这座城市同时拥有七个冠军头衔：第一所师范学校、第一座民间博物馆、第一所纺织学校、第一所刺绣学校、第一所戏剧学校、第一所中国人办的盲哑学校、第一所气象站。这足可与近代上海相媲美。

　　考察团对狼山、濠河、南通博物院、张謇纪念馆、啬园等地进行了详细考察，尤其是对南通第一人——张謇，作了详细了解。本次考察下来的一个总体感觉就是南通市到处有"上海影子"。且不说宣传牌上醒目的"启东在沿江沿海开发承接上海辐射中发挥排头兵桥头堡作用"，见于报纸上的"上海港牵手南通港"等"看齐""挂钩"上海的口号，就连酒店、餐厅的墙壁上挂的都是"老上海"的照片，饮食的口味也与上海大致相仿。本文拟从以下两个方面谈一谈近代史上"上海经验"对南通城市发展的影响。

一、长江堤防的建设

　　清末，通州江岸出现了越来越严重的坍塌。民国元年，张謇致大总统及财政部、农林部电文中称："南通自刘海沙东涨，江流正泓变横为纵。四十年来，江岸崩坍纵宽自十余地至二十里，横长二十六七里，损失民田二十余万亩，值近千万。"[①]面临这一严重灾害，张謇"自捐资延请荷兰工程师奈格测量勘估"。其后，

---

　*　本文系上海电机学院重点课程建设项目（NO. B 1022416003052）。

　①　张謇研究中心、南通市港闸区档案馆编：《特来克与南通保坍史料》（内部资料），2009 年，第 213 页。

又聘请外国水利专家亨利克·特来克来通勘察长江水流,制定保坍方案,开启了南通长江堤防的建设。

无论是水利专家的选定,还是保坍方案的设计,都与上海黄浦江的疏浚有直接关系,或者说是借鉴了"上海经验"。

最早来通勘测长江下游提出保坍方案的是约翰斯·特来克,即奈格(J. De. Rijke),是亨利克·特来克之父。1906 年,奈格应上海工部局的聘请,担任上海浚浦局总工程师,负责黄浦江的航道疏浚工程,首次系统地对黄浦航道进行疏浚。这次亨利克·特来克也随父亲来到上海,成为父亲的重要助手。1908 年,奈格应张謇之邀,于 4 月 15 日来南通,"并随轮赴镇江查勘上游形势,以五次查勘之结果,为因地制宜之保护",并提出《通州建筑沿江水榫保护坍田说明书》[①]。亨利克·特来克随其父来到南通,有机会与张謇有历史性的会面。

图 1　奈格(左)和他儿子亨利克·特来克(右)

由于黄浦江疏浚工程之中发生严重的欺诈[②],再加上预算超支,江苏巡抚遂于 1910 年将黄浦河道局撤销,另设善后养工局。奈格也因此辞去总工程职务[③],并于当年 11 月回到荷兰,而其子亨利克·特来克则留在上海成为公共事务局的一名工程师。1913 年 1 月 20 日,约翰斯·特来克在阿姆斯特丹的家中去世,亨利克·特来克也从上海返回家乡,并在荷兰的工程专科学校一面求学深造,一面考察荷兰各地的水利工程,业务日渐长进,成为水利专家。

---

① 张謇研究中心、南通市港闸区档案馆编:《特来克与南通保坍史料》(内部资料),2009 年,第 1 页。
② 中国第一历史档案馆:《光绪三十四年荷商利济公司浮开浚浦土方案》,《历史档案》1995 年第 1 期。
③ 上海浚浦局:《上海港口大全》,上海浚浦局刊行,1934 年,第 139 页。

张謇在邀请奈格勘察长江下游并提出整治方案后,于1909年又通过奈格请来瑞典工程师海德生协同河海工师霍南尔和施美德,再次赴通察勘形势。"嗣复调查切,详细测量,海德生往返四次。"结论还是修筑长堤或"暂卫江岸,舍修筑水楗别无良法。"①于是,张謇一面发起成立保坍的民间组织,1911年成立"南通保坍会";一面又请英国工程师葛雷夫、荷兰工程师平爵内及中国河海总工程师贝龙猛、方维因等复勘。1914年,经过一次来通的水利专家研讨会,张謇决定以筑楗为主同时兼修筑江堤的办法达到保坍的目的。

图2 扎制沉江木排及沉排作业

---

① 张謇研究中心、南通市港闸区档案馆编:《特来克与南通保坍史料》(内部资料),2009年,第5—6页。

图 3　特来克设计的九孔闸及挡浪墙

　　由谁来负责这一重要的保坍工程呢？于是想起老友奈格的儿子亨利克·特来克。当时他可能尚在荷兰，所以，1915 年 12 月 8 日亨利克·特来克与保坍会的第一份聘约书是委托加佛生代表签约的。正式签约的时间在次年 4 月。亨利克·特来克来南通的时间约在是年 1 月底 2 月初。经过两三个月的时间实地测量长江涨落潮流向、流速，水力之强弱，江岸崩塌情势，然后规划设计，提出《南通保坍计划报告书》。从 6 月 14 日开始，他亲自督导施工，以塘柴、芦苇为排，沉石筑榫，在迎流顶冲处，再增建护岸护坡。短短 3 年，完成天生港至任港口 10 座水榫，收到了"分杀水势"的效果，稳定了南通江岸线。

1919 年 8 月中旬，特来克到工地检查工作，条件艰苦，食宿于小轮船上，时值炎夏，染上霍乱时症，上吐下泻，一昼夜数十次不止，不得已夜返南通求治，于到达前溘逝，时年 29 岁。特莱克葬于南通剑山南麓，张謇亲自撰写墓表，并镌石永表纪念，彰显特来克对南通水利建设作出的巨大贡献。

而特来克提出的《南通保坍计划报告书》中明确说"此项工程拟仿荷兰及黄浦成法"[①]，可见受黄浦江疏浚工程的影响较深。

二、军山气象台的设立

南通是我国近代气象事业的发祥地。光绪三十二年（1906 年），我国著名实业家、教育家，中国气象学会第一、二届名誉会长张謇创办"南通博物苑测候室"。在此基础上，1916 年 10 月建成"军山气象台"。军山气象台是近代国人自办气象事业的开始，被称为"中国私家气象台之鼻祖"[②]。

图 4　南通军山气象台旧址

上海徐家汇观象台是由法国传教士于 1872 年建立，是中国沿海第一座天文台，对中国近代气象观测和气象科学事业有着重要的影响。军山气象台的建立和发展，就离不开上海徐家汇观象台的支持和帮助。

张謇认为，"气象关系地方农业、教育，与观测所亦有相资之用。气象不明，

---

①　张謇研究中心、南通市港闸区档案馆编：《特来克与南通保坍史料》（内部资料），2009 年，第 34 页。
②　吴增祥编著：《中国近代气象台站》，气象出版社 2007 年版，第 150 页。

不足以完全自治而明之,必有其地,尤必有其人"。① 所以,早在 1906 年张謇在南通创建博物苑,内设测候室,从日本自购气象仪器进行气象观测。1913 年,成立南通甲种农业学校,开设气候课程,设立测候所。为了筹建军山气象台,1913 年 9 月,张謇便遴选与派遣"数理娴熟",并派通英、法、日语的刘渭清(又名刘叔璜)到上海徐家汇观象台跟法国人马德赉(JoSephus de Moidrey)副台长学习气象学,学习的内容(据刘渭清自述)包括研究学理、观测计算、制天气图、天气预报、统计、著报告书以及观测时间、测经纬度、测子午线,法文本天文年历、英国胄亢海通书的用法。他常随马台长到昆山陆家浜验磁台,在那川的测候台实习,兼推算各地日月蚀(食)、日月出没、节气等法,了解各地磁针偏差的测数以及各地各台站的海面高度②。

在刘渭清学习期间,张謇又委托徐家汇观象台向英、法、德等国购置所需的仪器设备。1914 年 5 月,所购设备陆续到达上海,刘渭清则奔波于张謇与马德赉之间,终于使建筑图稿设计完成。经过 23 个月的努力,观象台于 1916 年 10 月竣工,在重阳日(10 月 5 日)开始逐次安置仪器设备,并一一进行调试。12 月 19 日,举行了落成典礼,徐家汇观象台也派书记鲁如曾到南通参加,可见对军山气象台的支持。

1917 年元旦,开始正式观测和研究工作。台内装备有风向风速自记机、自记雨量计、福尔墩气压表、勒母勒聚氏天气预报计等当时国际上先进的气象仪器,并装有电话和无线电台。该台不仅测雨量、风向、气温、湿度等气象数据,还测报潮汐和天文数据。每日观测 8 次(每 3 小时测 1 次),每日 11 时和 17 时将所观测记录用无线电报拍发到上海卢湾电讯局,再转报徐家汇气象台。③

除此之外,展开南通气候研究等科研工作,并创办了气象季刊。1918 年,军山气象台第一期中英文合编的年报寄至徐家汇观象台后,马德赉高度赞扬,他在复函中说:"今得如此成绩,纯属可嘉。""气象学在中国为极新之学科,是书在中国气象界诚有价值之贡献,固有口皆碑。淘足偿张季直博士创办气象台之苦心矣。"④1923 年 10 月,被竺可桢先生指为素称傲慢无礼的徐家汇观象台副台长龙相齐,偕同屠司铎与南通天主教许司铎,专程到南通军山气象台,复测该台的经纬度和海拔高度等各项数据,检查各种仪器设置的科学性和各项业务所达到的

① 南通军山气象台:《南通县军山气象台史略》,1916 年。
② 徐南侠:《张謇与南通军山气象台》,《中国近代气象史资料》,气象出版社 1995 年版,第 217 页。
③ 王秀芹:《我国近代农业气象工作的推行者——张謇》,《中国近代气象史资料》,气象出版社 1995 年版,第 215 页。
④ 马德赉:《菉葭浜天文台马台长来函》,《南通军山气象台年报》,1918 年。

实际水平,均觉无可指责。龙相齐认为,该台"较徒有多项仪器而乏实际办事者有天渊之别",深赞"张氏费极少金钱,得伟大之成绩,实为可贵。将来逐渐扩充,继购新仪,其成效当更为可观"[①]。

1920 年代,该台自制的赤道晷、雨量器、日照计、指星仪先后在南京和上海举行的展览会上获奖。从 1918 年起,气象台每年编年报一册,发表一年的观测记录和研究成果。此外,还有月报、季报。这些附有英文的刊物与 40 多个国家的气象台交换。当时,军山气象台每天在南通报上发布天气预报,这是南通乃至江苏气象史上的第一页。

图 5　南通军山气象台期刊

三、余论

南通并不是一味地借鉴、模仿"上海经验",在许多方面还可以反哺上海。1904 年,张謇在上海集资设立上海大达轮步公司。1906 年 5 月,大生轮船公司打造的"大新"轮投入营运后,开航上海—南通线,"大生"轮则航行上海—海门线。这两条船的客货运输业务,均由上海大达轮步公司代理经营。1907 年,张謇在崇明创设大生二厂,大生纱厂开办后,无论是原材料的购买还是产成品的销售,一直都与上海有着密切的关联。1948 年,该厂全年实销棉纱上海占 73%,南通占 27%;实销棉布上海占 93%,南通占 7%。大生企业所产棉布主要销往上海。立足南通,依托上海,谋求企业发展的广阔空间,可以说是张謇实业活动的基本方略,在客观上对上海近代化发展起到了促进作用。

本次考察不仅使我们了解到近代上海对周边城市的辐射力度,也让我们认识到周围城市对上海发展的促进作用,对以后上海学的开展具有重要意义。

---

① 　徐南侠:《张謇与南通军山气象台》,《中国近代气象史资料》,气象出版社 1995 年版,第 218 页。

上海地域文化融入思想政治课教学的实践路径探索[*]

陈兰芝

（上海电机学院马克思主义学院，讲师，上海 201306）

高校思想政治理论课程教学是一种特殊的社会生活形式，是以高校师生为主体，通过彰显党和国家的主流意识形态与核心价值观的课程文化，以教学交往手段达成主流意识形态传输、认同的目的，其功能在于帮助大学生树立正确的世界观、人生观、价值观、历史观、道德观、法治观等。高校思想政治理论课应当充分挖掘利用优秀的地域文化资源，将反映时代精神和民族精神的优秀地域文化融入思想政治理论课程教育之中，营造弘扬社会主义共同理想、核心价值观的生活情景和文化氛围，从而在具有地域特色的社会生活场景中，使得思想政治教育更加"接地气"和"接人气"。

一、地域文化融入高校思想政治课教学的必要性

地域文化资源是某地域在其历史发展中所积累的物质财富与精神财富的总和，在形式上既表现为历史遗址遗迹等物质文化，如历史建筑、名人故居、革命纪念馆、博物馆等；也表现为具有地方浓郁特色的思想与制度文化，如海派文化所呈现的"海纳百川、追求卓越、开明睿智、大气谦和"的城市精神以及公正、包容、诚信、责任的价值取向。因此，地方文化资源的内在容量及其发展变动的历程体现了时代变化、社会生活与制度的变迁，呈现出地域人群的人文传统、精神理念、伦理道德、价值追求等，对该地域大学生思想观念、社会行为、品格塑造等具有潜移默化的影响。

（一）应对复杂教学舆情，推进高校思想政治课教学改革的时代诉求

在经济全球化、文化多样化、政治多元化的复杂发展态势下，大学生的思想

---

* 本文受 2015 年上海电机学院重点教研教改项目"上海地域文化融入思政课教学的实践研究（编号：A1－5401－15－001－05－27）"资助。

意识、价值观念、人格修养或强或弱受其影响,给高校思想政治教育带来挑战,主要体现为:

1. 日常生活信息的网络化传播影响着大学生的社会认知与思想政治倾向。网络信息化是当代社会重要的特征,由于网络信息传播的大众性、及时性、便捷性等特点,使其成为各种社会思潮争鸣交锋的重要场域,马克思主义价值观、西方价值观、宗教思想、历史虚无主义、自由主义等彼此交汇碰撞,大众文化、庸俗文化活跃程度也加强,而生活在网络空间的大学生不可避免受到多元思想、价值观念、低俗文化的影响,干扰着其正确的价值判断与价值选择。

2. 消费主义社会取向侵蚀着大学生的价值判断与价值选择。市场经济促进了竞争意识、创新意识等的发展,但追求物质利益的倾向也致使一些人产生了拜金主义、享乐主义和功利化的思想,“95 后”大学生中有相当一部分存在这样的物质消费心理,对于马克思主义理论、社会主义理想信念、价值观感到困惑、怀疑。此外,由于大学生正处在世界观、人生观、价值观形成与发展的重要时期,其社会生活经验还不够丰富,思想、道德、心理等方面还未完全成熟,其价值观容易受到外界影响。

面对新形势,党中央、教育部日益重视文化在高校思想政治课教学改革中的内聚作用。2014 年 3 月,教育部印发《完善中华优秀传统文化教育指导纲要》,指出加强中华优秀传统文化教育,是培育与践行社会主义核心价值观,落实立德树人根本任务的重要基础。2015 年 8 月 17 日,中央宣传部、教育部印发《普通高校思想政治理论课建设体系创新计划》,强调高校思想政治课教学改革要积极拓展思想理论教育渠道,注重资源整合,探索建立全社会关心支持思想政治理论课建设的长效机制。地方高校推进思想政治课教学改革应注意挖掘优秀地域文化中内蕴的有利于树立社会主义理想信念、价值观念、道德规范的内容,探索出既立足地域现实,又依托地域资源的课程体系,加强思想政治课内涵建设。

(二)抵御低俗文化侵蚀,增强大学生优秀地域文化认同的现实需要

鉴于新的教学舆情的变化,笔者面向上海某高校作了“上海地域文化与思想政治课教学”调查(以下论及之处简称“调查”),共发放问卷 200 份,回收 186 份。其中,在关于“你认为对我国社会主流文化产生影响的是?(多选)”问题中,参与调查的学生对低俗文化、享乐主义、拜金主义、功利主义、西方价值几个备选项选择的比例均超过 25%,而选择低俗文化影响的则高达 50% 之多,选择拜金主义的学生有近 50%。这表明我国当前的社会思想意识受到物质利益、落后文化、多元价值的冲击,而大学生也身处这样的环境氛围之中,他们对此有一定的心理认知和直观感受,但可能缺乏理性辨识。

在调查中,发现上海户籍的学生对于上海地域文化了解程度高于来自外地其他省市的学生,受访对象中绝大多数外地学生表示对于上海地域文化不太了解。例如,在关于"你对上海红色文化的了解程度"的问题中,有11%的学生选择了"了解",26%的学生表示"不了解",63%的学生表示"有些了解",这表明受访对象中有89%的学生对上海地域文化的了解程度远远不够。同样,受访大学生对于海派文化、上海建筑文化、非物质文化遗产、历史文化名人等的了解认知情况也存在认知不足的情况。

凝聚在地方的历史、民间风俗、技艺、精神气质,以及反映这些精神的历史文物、历史遗址、博物馆、纪念馆、名人故居、烈士陵园等,都是思想政治教育可依托借助的地域文化资源。上海具有丰富的资源载体,仅博物馆、纪念馆资源就有240多个,如涉及红色文化的主要有中共"一大""二大""四大"纪念馆、国歌展示馆、上海孙中山故居纪念馆、淞沪抗战纪念馆等;历史发展变迁类的有上海城市历史发展陈列馆、上海市历史博物馆等;科普类有上海科技馆、风电科普馆、昆虫馆等;名人故居有鲁迅故居、宋庆龄故居、张闻天故居、黄炎培故居等。挖掘这些地域文化资源可以帮助学生从其所在地域中的重大历史变迁、历史事件、优秀文化遗产中,了解认知中华民族的文化根基、民族命脉,增强对优秀地域文化的认同感,提高抵制低俗文化的自觉性。

(三) 丰富思想政治课教学内容与形式,提升思想政治教育效果的需要

自2010年以来,高校在思想政治理论改革中不断探索,根据形势的发展变化不断对思想政治课教材作出修改,仅《毛泽东思想和中国特色社会主义理论体系概论》教材就进行了三次修订。尽管高校思想政治课教学改革不断加快步伐,但仍存在一些问题,比较突出的是高校思想政治教育的内容和手段滞后,缺乏鲜活性、创新性,也未充分重视心理情感在思想政治教育中的链接作用,这影响着思想政治课的教育效能。在思想政治课教学中,个别教师是照本宣科,个别教师甚至自己也不相信马克思主义理论,没有把理论讲"活",没有把理论与现实生活紧密联系起来,对社会发展变化的把握也不够敏锐,从而在某种程度上影响到大学生的学习态度与对主流意识形态的认同。在调查中,学生普遍反映当前思想政治课教学与社会生活存在脱节、理论教学不接地气、教学手段陈旧。要提升思想政治课的教育实效性,必须融入优秀地域历史文化资源,让学生在身临历史文化的现场中感受理论传递出的爱国主义精神、民族精神、社会核心价值、共同理想,增强对马克思主义的理解认同,对中国梦的追求。

(四) 培育大学生健全人格,促进大学生"精神成人"的价值需求

当前,某些高校在人才培养目标上存在一定的功利化倾向,有些高校教师比较看重学生专业知识、能力的提高增长，只偏重其"知识成人"，而在某种程度上忽视大学生的"心理成人"和"精神成人"，忽视其思想素养和道德情操的教育。而身处社会氛围物质利益化、学校与家庭教育也日益功利化的大环境下，部分大学生自身也缺乏高尚的理想价值追求，较少主动去承担社会责任，却把社会责任的履行当作评选优秀的资本，即使在要求入党的学生中，其入党动机也存在一定的不纯问题，往往出于为将来寻找工作等原因而选择入党，却不是真正来自内心对党的认同和共产主义理想的向往。利用地域文化资源服务于思想政治课教学，培育塑造好当代大学生的思想与灵魂，无疑是一种值得尝试和探索的实践课题。

二、上海地域文化融入思想政治课教学的实践方案

习近平指出："中华优秀传统文化已经成为中华民族的基因，植根在中国人内心，潜移默化影响着中国人的思想方式和行为方式。"[①]文化是一个国家和民族保持发展活力的内核，教师要充分挖掘地域文化资源融入课程教学实践中，提高理论对接历史、现实、文化命脉的认知高度。笔者认为，把上海地域文化融入思想政治课教学之中可以通过以下四个途径进行：

（一）借助于上海地域文化资源活化思想政治课程教学内容与教材体系

在调查中，当问及"当前思想政治课教学中存在的主要问题是？"，在给出的几个备选项目中，其中，"理论与生活脱节、理论不接地气、教学内容不够丰富"等有近40％的学生选择。这说明大学生内心非常渴望理论与现实社会生活、现实问题相结合，高校思想政治理论课程中理论与生活存在的某些脱节现象也是大学生从思想认识和情感上排斥思想政治课程的客观原因。理论、价值观要接地气，这是马克思主义大众化、通俗化的重要途径。因此，要充分利用地域文化资源活化思想政治课程的教学内容和教学素材，在坚持马克思主义基本立场、理论、观点的逻辑前提下，给千篇一律的教材"变变脸"，使其汇聚新鲜的地域文化血液。

以《毛泽东思想和中国特色社会主义理论体系概论》（以下简称"概论课"）课程为例，概论课教材体系是以马克思主义中国化为逻辑主线和理论板块设置的，这要求教师在理论授课中必须解决好马克思主义的时代化、通俗化、大众化的问题。"时代化"需要教师具有敏锐的时代意识，在教学中将时代发展提出的"问

---

① 习近平：《习近平谈治国理政》，外文出版社2014年版。

题"与中国化马克思主义理论体系内在的"主义"相结合,理性回应社会焦点与热点问题;教师要善于捕捉国内外发展动态,积累鲜活的教学素材,活化教学内容,通过对社会现象的客观分析,引导学生带着"问题"回归"理论",在对社会生活与实践的理性分析中增强马克思主义理论认同。"通俗化"是指理论要"接地气"与"接人气",理论阐释要根据受众特点在话语形式与内容上凸显通俗易懂。"大众化"就是要让理论走近大众,要充分考虑大学生的身心认知特点与群体特点,让理论面向具有丰富个性、思想意识的人,而不是自言自语。基于"概论课"所承载的马克思主义三化的上述目标与学生的学习兴趣需求,笔者在该门课程教学中,特别设计了与上海历史发展密切相关的教学内容,如解放上海、上海资本主义工商业改造、浦东改革开放、上海合作组织等。在调查中,学生普遍对这些教学内容的设计比较感兴趣,就兴趣度而言,受访学生中有85%的学生选择了浦东改革开放,45%的学生选择了上海合作组织与对外交往,30%的学生选择了全球科创中心建设,另外,有20%左右的学生表示对解放上海、上海资本主义工商业改造、智慧城市建设等感兴趣。这表明,现代大学生对改革开放以来上海的重大事件、决策和城市发展关注度较高,而对上海地域历史、经济、文化等的历史情况了解关注还不够。这要求教师在"概论课"教学中特别要借助于上海的地域历史、文化来说明上海改革开放前后两个时期的变化,中国走社会主义道路的历史必然,增加马克思主义理论的说服力。

在"概论课"教学中,笔者结合上海学的研究进行,以研究促进教学,注重融入上海历史文化辅助理论教学。如关于社会主义改造理论,结合上海资本主义工商业改造的历史、新中国成立初期上海口述史的研究进行。教学中配合笔者采访的口述图片、受访对象的人生经历以及与上海三大改造相关的历史资料进行讲解,比较形象客观。受访老同志基本上都经历过抗日战争、解放战争到新中国成立以及改革开放,对于我们国家从旧时代到新时代的转变有着比较深刻的感受,以他们对党与国家的感情激发学生客观理解、认同党的历史。关于社会主义改革开放理论,依据党和国家对改革开放的历史定位与现实思考,让学生搜集资料以主题演讲形式,选择一个视角讲解改革开放以来上海在各个方面所取得的伟大成就。教师再深入结合浦东改革开放25年的历史发展与成就、上海自贸区改革、全球科创中心建设等典型事例进行补充,并向学生展示参观纪念浦东改革开放25周年展览的照片,拿出证据让事实说话,让社会实践发展说话,让理论更加"接地气",从而引导学生在近距离感受历史与现实生活的对比中提高马克思主义理论传播的感染力,引导其认同社会主义道路,为建设中国特色社会主义共同理想而努力。

（二）以上海地域文化为主题构建多维动态的实践教学模式

开展实践活动,是培育主流意识形态和核心价值观认同的不可或缺的途径。高校要继续深化思想政治理论课程改革,必须将理论与现实社会生活、社会实践紧密结合起来。以"概论课"为例,可以探索立体化动态的实践教学模式。就实践形式来说,把网络学习、课堂实践与社会调查相结合;就实践菜单来说,教师可以将实践的"规定菜单"与学生"自选菜单"相组合,构建包括"探索争鸣＋主题演讲＋地域文化寻踪＋社会观察"的立体化实践教学模式。探索争鸣板块,注重培养学生的问题意识,面向学生征集其比较困惑的理论问题与社会问题,组织学生以小组形式讨论交流,教师给予总结针对性的回应。在主题演讲板块,教师结合学生知识水平实际,给出学生演讲的参考选题,引导学生充分利用网络资源搜集相关资料,根据教学进度、结合上海历史与文化资源选题进行。地域文化调查寻踪板块可以根据地方乡情,结合校内外的实践基地、爱国主义教育基地、科普基地等组织参观考察活动,让学生小组自主选择、制定实践主题、方案和内容等。在社会观察板块,根据教学进度与教学内容的需要,以小组新闻简评的形式,引导学生关注中央动态、社会治理、国家治理、科技创新、国际形势等方面的重要时事,做个有担当有责任的社会人。

目前,从大多数高校思想政治课教学实践情况来看,从事实践教学的客观条件诸如经费保障、实践基地平台、学生人身安全保障等方面,还存在一定困难,没有足够的专门用于实践教学的经费,学校对接校外的社会实践平台亦不足。基于这样的事实,笔者认为,思想政治课教学应尽量在优化、简化实践教学模式上下功夫,尽力以地域文化为主题,充分利用网络资源和校外免费的爱国主义教育基地、博物馆、纪念馆资源,开展教学实践调查活动,培养学生利用网络资料、博物馆等物质文化载体的能力,注重学生对大数据挖掘分析能力的培养与锻炼。教师可以设计一些上海地域文化寻踪实践主题供学生选择,如上海智慧城市建设、沪语传承与保护、上海红色文化传承、上海的文化版图、上海的非物质文化遗产、探访上海建筑、上海城市改造与治理、上海的生态足迹等,引导学生从自身兴趣出发,在参考选题范围内以小视角进行调查,在亲身实践调查中见证社会的发展变迁,拓展社会实践的文化空间与文化视域。对于这些多样的实践教学形式,大部分学生比较认可。学生基于分工合作,在自愿选择的基础上开展实践,学生的自主性和参与性也相对较高。

（三）挖掘上海地域文化资源,配套打造思想政治选修课程

历史、文化的发展具有多样性,文化是价值观的内核。有条件的高校和教师可以根据国家形势变化、学校发展定位、教师学科专长、学生学习兴趣等因素,利

用地域文化资源,打造弘扬党的主流意识形态和社会主义核心价值观的思想政治理论选修课程与文化类通识课程。笔者在这方面初步进行了尝试,开设了"抗日战争在上海(1931—1945)"的思想政治选修课程。在调查中,当问及"如果开设与上海地域文化相关的通识课程,你最感兴趣并会选修的课程是?"给出的四个备选项目"上海地域文化通览、抗日战争在上海、海派文化纵览、上海历史文化名人评论"被选择的比例分别为29%、42%、38%和43%。这表明有相当一部分学生对上海地域历史文化非常感兴趣,渴求获得地域历史文化知识。

在调查中,笔者发现"95后"大学生并不是对国家形势与社会发展一概不关注,社会大环境大氛围对其政治态度、情感心理、价值取向具有一定的影响。2015年是纪念抗日战争和世界反法西斯战争胜利70周年,国家和世界层面都有隆重的纪念活动,社会舆论比较集中。基于这样的现实契机,笔者首先选择开设了"抗日战争在上海(1931—1945)"的选修课。这门课程以教师专题教学和学生自选社会实践形式组合进行,专题教学包含"日本侵略中国与上海的战争缘起、日军在上海的罪行与统治、上海抗战文化的兴起、抗战中的上海民主人士、犹太难民与上海诺亚方舟、中国共产党与上海抗战、蒋介石与抗日战争、抗战烽火中的中国大学、外国记者眼里的中国抗战、抗战精神与中国梦"等专题。就情感态度价值观角度而言,该门课程通过引导学生了解发生在上海抗战的历史,抗战中的国家、民族、城市与人的故事,以抗战精神等引导学生勿忘国耻,培养学生的爱国主义情怀、家国情怀和对上海地域历史文化的认同感以及对战争时期公平正义的理解,以理性负责的爱国主义精神认识当下中日关系,为实现中国梦而树立理想信念。

此外,有条件的上海高校可以开设关于文化类的选修课程,如"走近上海文化""上海历史文化名人评论"等课程,通过历史文化中蕴含的价值观理念传递文化命脉,感知地域精英的思想境界、精神追求、人生态度、价值取向,以具有丰富个性的文化色彩和历史人物影响,力促大学生健康的价值观和健全的人格的养成。

(四)重视学生主体性调动,注重思想政治教育的心理情感激发

在不同的时代境遇下,人们对主流意识形态与价值观的情感认同与理性认知也是不同的,经历过革命战争年代与改革开放和平时代对比的人,容易从自身的生活体验和革命情感中接受马克思主义意识形态、集体主义价值观与荣辱观。当前,经济全球化、文化多元化、网络信息化等多样社会思潮与多元价值并存,迅速发展的技术、利益分化的加剧使得人们的本体不安全感、焦虑感和无意义感凸显,大学生直接从感性情感角度接受马克思主义与社会主义核心价值观的条件已经不复存在,因此,对当代大学生进行主流意识形态与价值观教育,必须尊重学生个性心理与群体心理需求,加强高校教师与学生之间的情感交流,建立受众与价值观认同之间的情感链接中介。当前,高校学生与教师基本上是上课时才见面,除了辅导员与学生有较多交流之外,其他教师课余时间很少与学生有学习、思想、生活等方面的交流,师生关系有所疏离。从人际情感的角度而言,这不利于大学生思想、学习的进步与身心成长。调查中,有近1/3的学生反映存在这样的问题,这说明相当一部分学生内心有同教师交流的潜在愿望。高校教育要做"有温度的教育",必须改变这种师生关系比较淡漠的现象,搭建师生交流互动的平台,如完善导师帮带制度、辅导答疑制度、易班、微信网络交流平台等。教师要在学生的交流中注意保持亲和力,根据课堂情况或课外交流情况进行一些随机性隐性的教育,与学生分享人生经历和自己的生活体验,学生对此比较欢迎,通过这样的真诚交流,以积极的生活态度和情感影响学生。

大流转:"大跃进"影响下的
上海城乡人口迁移

陈 熙

(复旦大学中华古籍保护研究院,研究员,上海 200433)

前 言

　　"大跃进"以及三年困难时期在新中国人口史上有着极为深远的影响。这种影响不仅在于它曾造成数以千万计的非正常人口死亡,而且也在于它曾掀起了一波 2 000 多万人城乡间的大流转。"大跃进"之初,城市工矿企业因劳动力紧张而向农村大量招工,大批农民借以涌进城市,但随后出现的严重经济困难,又使得中共中央不得不大规模地精简职工,将大批城镇人口送到农村去。这样一来,就形成了几千万人在短时间内从农村到城市又回到农村的大流转。同时,"大跃进"也是一道分水岭,随着人口大流转的平息,1950 年代活跃的自由人口迁移落幕,在这之后,迁徙自由受到户籍制度的严格束缚,城乡壁垒坚不可越,人口迁移率陡然下降,开始真正进入胡焕庸所言的"凝固"状态,并持续了近 20 年。

　　国内外学者对"大跃进"造成的人口非正常死亡已经进行了大量的研究。[①]

---

　　① 1982 年国家公布了第二次人口普查及 1960 年代人口统计数据后,三年困难时期造成的人口损失逐渐成为国内外人口学界讨论的热点问题,提出了多种人口损失估计值,并对大饥荒产生的原因、影响等问题进行探讨,并曾引发学术界激烈争论。代表性成果如彭尼·凯恩:《1959—1961 中国的大饥荒》,中国社会科学出版社 1993 年版,彭尼·凯恩估计为 4 090 万人;Ansley J. Coale: Rapid Population Change in China, 1952 - 1982. Report No. 27, Committee on Population and Demography, 1984, Washington D. C. ; National Academy Press. 寇尔估计非正常死亡 2 700 万人;李成瑞在寇尔的基础上进行修正,认为非正常死亡人数为 2 200 万人,参见李成瑞:《"大跃进"引起的人口变动》,《中国人口科学》1998 年 1 月。蒋正华以质量较高的第三次人口普查数据为基础估算了非正常死亡人数为 1 697 万人,这是目前官方较为认同的估计值,参见蒋正华、李南:《中国人口动态参数的校正》,《西安交通大学学报》1986 年第 3 期。曹树基利用新修方志的人口数据,并以虚拟的"府"为单位进行重新估算,结果认为非正常死亡人数为 3 250 万人,参见曹树基:《1959—1961 年中国的人口死亡及其成因》,《中国人口科学》2005 年 1 期。林蕴晖估计可能接近 3 000 万人,参见林蕴晖:《乌托邦运动:从"大跃进"到大饥荒(1958—1961)》,香港:中文大学出版社 2008 年版,第 622—624 页。在大饥荒产生的原因学界争议很大,代表性成果如 Justin Yifu Lin: Collectivization and China's Agricultural Crisis in 1959 - 1961, *Journal of Political Economy*, Vol. 98, No. 6 (Dec. , 1990); James Kai-sing Kung, Justin Yifu Lin: The Causes (转下页)

相比之下，学界对同样是千万级的人口迁移问题的关注则相对较少。目前，就此问题具有代表性的是李若建的研究。李若建认为这一时期的城乡人口往返迁移是一场“无效的迁移”①，其根本原因在于“大跃进”的政策失误，但也涉及城乡隔离政策、粮食政策、区域发展政策、城镇发展政策等方面的失误。② 罗平汉则对困难时期的城镇职工精简进行论述。③ 此外，在区域层面就职工精简和下放问题也有一些有价值的成果问世。④ 而人口学的研究主要侧重于从统计数据上对人口迁移的规模和方向等进行宏观分析。⑤

这一时期的城乡人口流转在规模和强度上都是空前的，周恩来曾说：“几千万人下去，这是一个中等的国家搬家，这是史无前例的，世界上也没有的，也可能真是空前绝后的。”⑥大规模的城乡人口流转不仅改变了这些移民的个人命运，而且也扭转了此后中国人口流动和城市格局的发展方向。城乡人口大流转是“大跃进”运动灾难性后果的重要构成。

一、大招工：农村人口大举进城

新中国成立初期，城市失业问题始终是困扰新政府的一道难题。上海、南京、武汉、广州、重庆等城市在 1950 年代相继出现严重的工人失业问题。全国范围内失业人数 474.2 万人，失业率高达 23.6%。⑦ 上海由于工商业受到严重冲击，形成了总计约 67 万的庞大失业人群。⑧ 中央政府要求上海、南京等失业问

（接上页）of China's Great Leap Famine, 1959–1961. *Economic Development and Cultural Change*, Vol. 52, No. 1 (October 2003)；文贯中、刘愿：《从退堂权的失而复得看“大跃进”饥荒的成因和教训》，《经济学》(季刊)，2010 年 3 期；范子英：《关于大饥荒研究中的几个问题》，《经济学》(季刊)2010 年第 3 期等。这方面研究成果丰富，恕不能一一列举。

① 李若建：《“大跃进”与困难时期人口迁移初步探讨》，《中山大学学报》(社会科学版)，1999 年第 1 期；李若建：《“大跃进”与困难时期的流动人口》，《中国人口科学》2000 年第 4 期。

② 李若建：《“大跃进”时期的城镇化高潮与衰退》，《人口与经济》1999 年第 5 期。

③ 罗平汉：《大迁徙——1961—1963 年的城镇人口精简》，广西人民出版社 2003 年版。

④ 代表性的成果有黄兢、黄海英：《1957—1965 年广东省城乡人口迁移流动状况和特征》，《当代中国史研究》2008 年第 4 期；柳森：《1961—1963 年江苏省国民经济调整中的职工和城镇人口精减》，《当代中国史研究》2009 年第 2 期；游海华：《集体户时期农村人口流动剖析》，《当代中国史研究》2003 年第 3 期。罗平汉：《大迁徙——1961—1963 年的城镇人口精简》，广西人民出版社 2003 年版；罗平汉：《国民经济调整时期的职工精简》，《史学月刊》2007 年第 7 期；陈建兰：《1961—1963 年中国城镇人口精简浅析》，《兰州学刊》2006 年第 6 期。

⑤ 相关成果参见马侠主编：《中国城镇人口迁移》，中国人口出版社 1994 年版；张善余：《中国人口地理》，科学出版社 2003 年版；张善余：《三年经济困难时期中国人口地区分布的变动》，《中国人口科学》2002 年第 3 期；王桂新：《迁移与发展——中国改革开放以来的实证》，科学出版社 2005 年版。

⑥ 丛进：《曲折发展的岁月》，人民出版社 2009 年版，第 314 页。

⑦ 《当代中国》丛书编辑部：《当代中国的劳动力管理》，中国社会科学出版社 1990 年版，第 49 页。

⑧ 上海劳动志编纂委员会编：《上海劳动志》，上海社会科学院出版社 1998 年版，第 5、74 页。

题严重的城市成立失业救济委员会,通过以工代赈、生产自救、技能培训等多种方式解决城市的失业问题。① 经过多番努力,到 1952 年,全国城市的失业率降低到 13.2%,失业问题有所缓解。不过,上海的就业形势依然不容乐观。1952 年年底,上海失业人员仍多达 48.37 万人(其中,失业的产业工人 23.39 万人),失业率 20%。② 之后的"一五"计划期间虽然国民经济快速发展,但也未能彻底消除就业压力,1957 年全国失业人数仍有 200 万人。③ 除了旧有失业人员,新生劳动力和妇女劳动力也在不断涌现。可以说,"大跃进"前的整个 1950 年代,如何安置这庞大的失业人群始终是个令人头疼的问题。然而,这种局面到了 1958 年下半年却突然发生了戏剧性的逆转,困扰多年的失业顽疾瞬间烟消云散,各行各业转而出现劳动力短缺的局面,纷纷叫嚷人手不足,要求上级劳动部门增调劳动力。是年 11 月 11 日,时任劳动部副部长的毛齐华在全国工业书记会议上称,社会主义生产建设的全面跃进,已经使得劳动力从"过剩"转变为全面不足。④

毫无疑问,劳动力供应形势的急剧转变归因于"大跃进"。"大跃进"的起点,以 1957 年 9—10 月中共八届三中全会为标志。⑤ 在这次大会上,毛泽东对 1956 年经济领域的"反冒进"进行了措辞严厉的批判,认为反冒进是给 6 亿人民泼了冷水,使得 6 亿人民泄了气。为了进一步扫清发动"大跃进"的障碍,从 1958 年年初开始,毛泽东先后主持召开了杭州会议、南宁会议、成都会议等一系会议,对反冒进进行严厉的批判。⑥ 全国各省市地方闻风而动,纷纷开始大规模地批判右倾思想,并大幅度提高工农业生产指标,"大跃进"的氛围顿时在全国范围内高涨起来。在 1958 年 5 月八大二次会议上,正式通过了"多、快、好、省"的社会主义建设总路线,完成了对"大跃进"的全面组织和动员。

在"一天等于二十年"的声势中,国民经济计划的各项指标被大幅度拔高。1958 年 6 月,国家计委提出了第二个五年计划纲要,其中,最引人注目的是确立 5 年超过英国、10 年超过美国的目标。在得到毛泽东的赞赏后,这一目标又被拔高为两年超过英国。在 1958 年 8 月的北戴河会议上,确定了钢产量翻番达到 1 070 万吨的高指标,随即在全国上下掀起了以"小土群"为主要特征的全民大炼

---

① 政务院发布救济失业工人指示,1950 年 6 月 17 日,上海市档案馆,档号:B129-1-1-1。
② 上海市人民政府统计局编:1952 年上海市基本情况统计简编(绝密),1953 年 6 月,上海市档案馆,档号:B31-1-16-148。1952 年就业人员 1 939 575 人,失业率%=失业人数/(在业人数+失业人数)%。
③ 《当代中国》丛书编辑部:《当代中国的劳动力管理》,中国社会科学出版社 1990 年版,第 49 页。
④ 顾洪章主编:《中国知识青年上山下乡大事记》(第二版),人民日报出版社 2009 年版,第 18 页。
⑤ 薄一波:《若干重大决策与事件的回顾》,中共党史出版社 2008 年版,第 478 页。
⑥ 罗平汉:《"大跃进"的发动》,人民出版社 2009 年版,第 78 页。

钢铁运动。不论在城市还是农村,普遍流行的口号是"拳打保守思想,脚踢落后指标"。① 当时上海作为全国重要的工业基地,其工业生产指标也不断被拔高。1957 年 11 月,上海曾提出"二五"工业总产值计划为 176.3 亿元,年均增长10%,但这个"保守"的指标很快在 1958 年初被修订为 370 亿元,增速拔高到26.6%,到 8 月份又进一步修订为 855 亿元,增速进一步提高到 49.6%;而钢产量指标也从最初的 84 万吨,被提高到 220 万吨,乃至 300 万吨。② 当时实行的所谓"两本账"③制度,使得生产指标在对内下达过程中,还被层层加码。由于"大跃进"片面追求经济总量上的"多"和"快",尤其是钢铁和粮食产量的"超英赶美",而并不重视经济的效率和质量问题。在这种情况下,通过增加基础建设投资,扩大生产规模,增加职工人数等"摊大饼"式的扩张,显然最为有效快捷。上海的基本建设投资从 1957 年的 3.71 亿元增加到 1959 年的 12.32 亿元,增长了232%,其中,工业和建筑业的基本建设投资从 1.73 亿元增长到 8.54 亿元,增加幅度最为显著。④

1958 年 6 月下旬,劳动部党组就"二五"计划时期增加劳动力的问题报请中共中央。劳动部的报告很快获得批准,招工的审批管理被大大简化,招工计划由省、市、自治区党委自行确定后即可执行,不必再经中央批准。⑤ 此后,各地便将招工审批权层层下放,招工工作逐渐失控,工厂企业纷纷从社会和农村中大量招工,全国范围内掀起了一股大招工的浪潮。

根据国家统计局的相关数据,1958 年,全国职工人数从上年度的 3 100 万人剧增至 5 194 万人,增幅超过 2 000 万人,其中,绝大多数是国有企业职工人数的增长。⑥ 在这新增加的 2 000 万名职工中,来自农村的有 1 104 万人,占总数的 53%。⑦

① 孙怀仁主编:《上海社会主义经济建设发展简史(1949—1985 年)》,上海人民出版社 1990 年版,第 284 页。

② 《上海计划志》编纂委员会编:《上海计划志》(总述),上海社会科学院出版社 2001 年版。

③ 所谓的两本账,1957 年南宁会议上为了满足"大跃进"的形势,在编订国民经济计划草案时,实行中央两本账,一本是必成的计划,这一本对外公布;一本是期成的计划,这一本不公布;相对应的,地方也有两本账,地方的第一本就是中央的第二本,这在地方是必成的,第二本在地方是期成的。两本账制度为地方在经济计划上层层加码打开了缺口,中央带头搞两本账,地方也搞自己的两本账,对下级单位层层加码。各行各业的高指标,大多通过编两本账的方法,层层拔高。参见薄一波:《若干重大决策与事件的回顾》,中共党史出版社 2008 年版,第 480 页。

④ 上海市统计局编:《上海市国民经济和社会发展历史统计资料(1949—2000)》,中国统计出版社,2001 年版,第 140 页。

⑤ 《当代中国》丛书编辑部:《当代中国的劳动力管理》,中国社会科学出版社 1990 年版,第 130 页。

⑥ 国家统计局国民经济综合统计司编:《新中国五十五年统计资料汇编(1949—2004)》,中国统计出版社 2005 年版。

⑦ 国家计委党组、劳动部党组关于 1958 年劳动工资基本情况和 1959 年劳动工资安排意见的报告,《建国以来重要文献选编》(第 12 册),中央文献出版社 1996 年版,第 359—360 页。

全国城镇总人口则从 1957 年 9 949 万人,增长到 1960 年的 1 亿 3 073 万人,增幅超过 3 000 万人,城市化率从 1957 年的 15%急剧上升到 1960 年的 20%。[①]

上海国有企业和集体企业职工总数从 1957 年的 211.78 万人增至 1960 年的 285.95 万人,增幅达到 74.17 万人。同一时期,北京职工人数增幅 77.20 万人,天津职工人数增幅 49.19 万人,四川省仅 1958 年一年就增加了 150 万名职工。[②] 大招工不仅使得大量城镇闲散劳动力和家庭妇女被吸收到工厂企业中,更重要的是,原本被严格限制进城的农村人口得以借此大量进入市区或郊县的工厂企业。

表 1　上海市市区国民经济各部门固定职工年末人数　　（单位：人）

	1957 年	1958 年	1959 年	1960 年
工　　业	973 989	1 300 956	1 284 769	1 253 589
基本建设	70 953	112 184	121 492	121 291
农、林、水、气	4 155	13 857	19 599	21 976
运输和邮电	85 364	141 194	125 687	123 494
商业、饮食、服务业	228 534	207 241	210 776	206 647
城市公用事业	41 651	45 035	50 813	54 759
科学和文教卫生	135 297	127 087	138 889	164 324
金融、保险	14 931	12 470	9 222	8 697
国家机关、人民团体	85 641	70 215	71 801	64 501
总　　计	1 640 515	2 030 239	2 033 048	2 019 278

资料来源：上海市统计局、上海市劳动局编：《上海市国民经济统计资料(人口、劳动工资、职工生活)(1957—1960)》,1961 年,上海市档案馆,档号：B127 - 1 - 696。

据上表数据,上海市市区的固定职工人数在 1958 年急剧增加了 38.97 万人,其中,最主要的增长来自工业部门,增加了 32.69 万人;其次是运输和邮电、基本建设等部门,分别增加了 5.58 万人和 4.12 万人,而服务业、科教文卫、国家机关等与工业发展不直接相关的行业则出现一定程度的职工减员。[③] 需要注意

[①] 国家统计局国民经济综合统计司编：《新中国六十年统计资料汇编(1949—2008)》,中国统计出版社 2010 年版。

[②] 国家统计局国民经济综合统计司编：《新中国五十五年统计资料汇编(1949—2004)》,中国统计出版社 2005 年版。

[③] 上海市统计局、上海市劳动局编：《上海市国民经济统计资料(人口、劳动工资、职工生活)(1957—1960)》,1961 年,上海市档案馆,档号：B127 - 1 - 696。

的是,以上的职工人数并未包括临时工和郊区的职工数,因而实际的规模会更大。而另一份档案数据显示,市区的临时工人数从 1957 年的 7.46 万人急剧增加到 1958 年的 32.21 万人,增加了 24.86 万人,郊县的临时工数量则增加了 3.71 万人。① 正式职工和临时工规模的迅速扩张,除了从上海市区中的社会人员和职工家属中招工外,大部分是来自郊区和外省的农民。

在大招工浪潮中,上海郊县和邻近省份江苏、浙江、安徽等地的农民成为工人的主要来源。根据闸北、杨浦、新成、江宁、虹口、榆林、卢湾、邑庙等区委劳动工资委员会的报告,1959 年各工厂企业私自从农村和人民公社招工的现象十分严重。机械局共和新路仓库基地在 6 月底从苏北泰州一带招收 100 多名农民;吴泾热电厂 6 月份曾在上海县和平、金星等人民公社招用 85 名农民,最近又通过干部私人介绍,直接到南汇县黄路人民公社招用 115 名农民;杨浦区上海化工厂 7 月 28 日从宝山县跃进人民公社招用了 10 名冷作工。② 而同一时期,来自上海市监察局和劳动局的报告也显示了相类似的招工景象,在对上海市属的 58 个基建和工厂企业的招工问题进行检查后发现,仅从 1957 年 1—8 月,这 58 个单位招收的临时工便多达 2 516 人,其中,农业人口、倒流和外地人员 1 294 人,占半数以上。③ 江宁区(今静安区)的 86 个单位所招用的 303 人中,159 人来自农村。④ 上海市建筑公司所属张林记等工厂私招临时工 135 人,其中,55 人是直接或间接在浦东、南汇、川沙、宝山以及浙江等地招来的农民。河道工程局从 1958 年下半年以来招收的 128 个临时工中,117 个是启东、崇明、南通等地流入的农民;泰山耐火器材厂招收的 211 个临时工中,有 49 个是上海市郊各县的农民,102 个是外地的农民。⑤

不少企业为了满足招工需要,甚至有意避开上级政府的监管,违规进行招工。上海电机厂曾于 1958 年 11 月向松江县提出增加劳动力的要求,但未获允许,于是该厂便动员厂内职工,以招收家属的名义,回松江县大量招工。该厂第四车间支部书记亲自动员与布置了这项工作,用放宽招工条件、宣传待遇条件好

① 上海市统计局、上海市劳动局编:《上海市国民经济统计资料(人口、劳动工资、职工生活)(1957—1960)》,1961 年,上海市档案馆,档号:B127-1-696。

② 中共上海市委员会劳动工资委员会关于某些企业私自招用人员的通报,1959 年 8 月 27 日,上海市档案馆,档号:B134-6-284-1。

③ 上海市监察局、劳动局关于部分工厂、企业单位招收人员情况的检查报告,1957 年 9 月 2 日,上海市档案馆,档号:B127-2-732。

④ 江宁区劳委有关市劳委、区劳委关于对本区工厂私自招用人员、招用农业人口情况通报,1959 年 5 月 5 日,静安区档案馆,档号:007-2-0980。

⑤ 上海市人民委员会人口办公室关于最近农村劳动力流入本市的情况简报,1959 年 3 月 6 日,上海市档案馆,档号:B168-1-892-61。

等方式动员职工的亲友、邻居等进厂务工,甚至招用了一些在读的中学生。松江县的长娄织袜社、明昌铁厂等企业,都曾出现未经劳动部门批准而私自招工的行为。①

"屯工"成为劳动力紧张形势下出现的新现象。由于劳动力供应紧张,部分工厂企业为了应对招工难问题,有意囤积工人,以备将来不时之需。"屯工"现象进一步加剧了劳动力供应的紧张局面。以静安区泥木工为例,不少单位因为泥木工不容易找,所以任务完成后宁愿让工人窝工在厂内,也不愿把他们辞退,因此造成市场上泥木工更加短缺。②

城市劳动力紧张的局面为农民进城提供了难得的机会。上海近郊农村地区因地理空间上距离市区近,又与市区联系紧密,成为新招职工最重要的来源。上海的郊县宝山县1956—1960年间外流的农村人口2 026人,其中,大部分(1 611人)涌进了市、县所属的工厂企业。③ 而静安区的部分下属企业1960年10月招用的471个农业人口中,来自市郊各县的147人,外省324人。④

外省来沪的农民以江苏最多,占总数的70%,遍及江苏40多个县市,其中,又以苏北的泰兴、兴化、南通等县最多。安徽居其次,占总数的20%左右,浙江、山东各约占10%。在流入的农民中,70%以上都是农村青壮年劳动力。⑤ 仅江苏溧阳、溧水、泰兴和安徽当涂4个县在1958年下半年流入上海的农民就多达1万余人。⑥

1958年年底,鉴于全民大炼钢铁对国民经济造成的严重损害,中共中央开始"纠左",对国民经济进行整顿,要求降低生产指标,压缩过快膨胀的职工规模。在此影响之下,1959年第二季度,上海市开始着手清退1958年之后进入上海的外来农民,并对盲目流入的农民进行了广泛的回乡动员。外来农民进城在这一时期暂时陷入了低潮。然而风向很快在庐山会议上发生了逆转,不但"纠左"工作被终止,反而发起了新一轮更为激进的生产"大跃进"。从11月中旬开始,外

① 上海市劳动局:关于防止外来单位乱招员工和制止人口随便外流的报告,1958年12月5日,宝山区档案馆,档号:21 - 2 - 019 - 022。

② 上海市静安区人委劳动科:组织流散泥木工为专业服务队的报告,1960年3月22日,静安区档案馆,档号:042 - 2 - 2306 - 6 - 53。

③ 宝山县农村人口外出情况统计表,宝山县档案馆,档号:21 - 1 - 040 - 081。

④ 中共上海市静安区委员会劳动工资委员会办公室:关于农业人口处理情况报告,1960年11月17日,静安区档案馆,档号:028 - 2 - 2604 - 2 - 22。

⑤ 中共上海市民政局党组关于去江苏磋商有关动员迁送盲目流入本市的农民回乡生产工作的几点意见,1960年2月5日,上海市档案馆,档号:B168 - 1 - 140 - 1。

⑥ 上海市人民委员会人口办公室关于最近农村劳动力流入本市的情况简报,1959年3月6日,上海市档案馆,档号:B168 - 1 - 892 - 61。

地农民进城的潮流又高涨起来。以静安区为例,这年年底全区外来人口22 500人,平均每天迁入400人,迁出200人左右,其中,70%来自江浙地区的农村。外来人口多散布在棚户区,如梵皇渡路的金家巷、太平里,余姚路的姚桥浜、小兴庄等一带,太平里1 000户居民中,就有外来人口1 200人。①

二、危机爆发:精简城市人口政策出台

"大跃进"并未真正解决城市失业问题,劳动力短缺的繁荣局面难以持久,全民大炼钢铁运动在1958年冬季已经严重损害了整个国民经济,显露出了危机迹象。这引起了中共高层的警觉,为此,这年的11月,中共中央先后召开了第一次郑州会议和八届六中全会,对"大跃进"运动进行了较为客观的反思,着手对国民经济进行调整,并大幅度调低了1959年主要工业产品指标。随着工业产品指标的下调,城镇劳动力过剩问题立刻显现出来。为此,国家计委和劳动部于1959年3月向中共中央建议精简职工509万人。5月,两部委建议在原有基础上再减300万人,即全年精简职工800万人。精简的对象主要是来自农村的临时工、合同工及学徒等,将"大跃进"以来进城的农村人口迁回农村。减员800万人的计划很快得到中共中央的认同,甚至还要求尽量多减一些。② 全国性的精简城镇人口运动随即展开。在不到两个月的时间内,全国工业和基本建设部门精简职工605.4万人,扣除本年上半年新增加的106.8万人和1958年统计漏报的42.5万人,实际精简了456.1万人,完成计划精简人数的半数。③ 1959年4月,上海市规定:"已经进入本市工厂企业、事业单位的外地农民,凡是1959年各单位自行招收的,应坚决动员他们回乡。"④这一时期上海全市(包括郊县)的城镇人口迁出50.80万人,迁入19.14万人,净迁出31.66万人。⑤ 然而,这次精简工作仅仅持续了两个月左右,庐山会议后,形势再次急剧逆转,伴随着新一轮的更大规模的"大跃进",农村人口再次涌进城市,这次短暂的精简工作随之悄然而止。

新一轮的"大跃进"给国民经济造成了更大的冲击,其中,最深切也是最紧迫

---

① 中共上海市静安区委里弄工作办公室:关于动员盲目来沪的农村人口回乡生产的报告,1960年1月20日,静安区档案馆,档号:028-2-2630-2-6。

② 中共中央批转国家计划委员会党组·劳动部党关于1958年劳动工资的基本情况和1959年劳动工资的安排意见的报告,《建国以来重要文献选编》,第12册[Z].中央文献出版社1996年版,第358页。

③ 罗平汉:《国民经济调整时期的职工精简》,《史学月刊》2007年第7期。

④ 中共上海市委:《关于贯彻执行中共中央和国务院"关于制止农村劳动力盲目外流的紧急通知"的通知》,1959年4月21日,上海市档案馆,档号:A11-1-34。

⑤ 中共上海市委精简小组关于上海市第三个五年计划期间减少城镇人口工作的初步规划(草案),1963年8月18日,上海市档案馆,档号:A69-2-165-45。

的,莫过于粮食供应的极度紧张。据事后核实的数据,1960 年的全国粮食产量仅有 2 870 亿斤,比"大跃进"前的 1957 年下降了 26.4%,退回到 1951 年的水平;棉花产量 2 126 万担,也跌回 1951 年的水平;油料作物 3 405 万担,比 1957 年下降了 54%,跌到了新中国成立初年水平之下。同时,由于全国各地放粮食高产"卫星",导致粮食征购比例大幅度提高,严重超标,1959 年度,征购高达 1 348 亿斤,占粮食总产量的 39.6%;1960 年,占 35.7%。农村包括口粮、种子、牲口饲料等存量从 1957 年的 2 940 亿斤逐年下降到 1959 年的 2 052 亿斤和 1960 年的 1 646 亿斤。农村人口平均粮食消费量则从 1957 年的每年 409 斤下降到 1959 年的 366 斤,再到 1960 年的 264 斤。1960 年比 1957 年减少了 35.3%。①

与此同时,大量农村人口涌进城市,加剧了城市粮食供应的困难。中共中央在一份报告中称,1958 年"大跃进"以来,城镇人口从 1957 年的 9 949 万人增加到 1960 年年底的 1.3 亿人,这样一来,全国吃商品粮的人口比例从 1957 年的 15%上升到 1960 年的 20%,国家财政和粮食供应方面的压力陡然增加。② 上海全市粮食平均月销量在 1958 年上半年为 2.37 亿斤,而到了第三季度则上升到 2.52 亿斤/月,比上半年增长 6.33%;第四季度达到 2.72 亿斤/月,比上半年增长 14.77%。从 1958 年 7 月到 1959 年 3 月,上海市粮食销售共计 23.68 亿斤,占原计划 27.8 亿斤粮食销售指标的 85.15%,到 6 月底为止,将超标 4 亿斤。③ 城市的粮食需求随着人口的增长而越来越大。

此时,饥荒已经在农村开始蔓延,并严重威胁到城市的粮食供应。中共中央于 1960 年 5 月 28 日发出《关于调运粮食的紧急指示》,称"近两个月来,北京、天津、上海和辽宁省调入的粮食都不够销售,库存已几乎挖空了,如果不马上突击赶运一批粮食去接济,就有脱销的危险"④。6 月 6 日,国务院财贸办向中央报告:北京、天津、上海等大城市的粮食库存非常薄弱,北京只够销 7 天,天津只够销 10 天,上海已几乎没有大米库存了,靠外贸部门的出口大米过日子。⑤ 在城市粮食供应告急的情况下,中央不断发出指令要求各地方坚决贯彻"吃饭第一"的精神,积极配合调粮工作,并强调调粮任务"万万火急"⑥。周恩来亲自指挥各

---

　　① 丛进:《曲折发展的岁月》,人民出版社 2009 年版,第 197 页。
　　② 中共中央转批国家计委和劳动部《关于劳动力安排和职工工资问题的报告》,参见李雪昌主编:《中华人民共和国事典(1949—2009)》,上海世界图书出版公司 2009 年版,第 175 页。
　　③ 中共上海市委关于批转中共上海市委财政贸易工作部关于严格执行粮食计划供应制度、提倡节约、反对浪费的报告的通知,1959 年 5 月 2 日,上海市档案馆,档号:B135 - 1 - 573 - 1。
　　④ 中共中央党史研究室编:《中共党史大事年表》,人民出版社 1987 年版,第 305 页。
　　⑤ 赵发生主编:《当代中国的粮食工作》,中国社会科学出版社 1988 年版,第 107 页。
　　⑥ 《中共中央关于确保完成粮食调运计划的指示》,1960 年 8 月 15 日,《建国以来重要文献选编》,第十三册,第 537 页。

省市的党政首脑进行粮食调度工作,粮食调运一时间成为政府运转的轴心。不过,尽管为调运粮食煞费苦心,但由于粮食大幅度减产,农村无粮可调,城市粮食供应依然十分紧张。上海大米调入量逐年减少,1960 年调入 20 亿斤,1961 年下降到 13 亿斤,1962 年则只有 8.2 亿斤。[①]

面对严峻的粮食供应形势,除了加强对各省粮食调运外,还不得不压缩城市的粮食供应标准。从 1960 年 9 月开始,除了少数特殊工种的职工、高级干部和高级知识分子外,城市每人每月压低口粮标准 2 斤左右。[②]北京市经过 3 个月的整顿,全市 244 万人压缩定量粮食 823 万斤,平均每人每月压缩 3.3 斤。[③]上海市大米等基本口粮的定量标准在 1960 年以后显著降低。如表 2 所示,市区居民的粮食消费总量在 1959—1960 粮食年度中达到最高的 32.01 斤每人每月,之后则迅速跌落到 1957 年"大跃进"以前。补助粮和副食品也大幅度减少,糕点则几乎不再供应。口粮定量方面尽管看似呈逐渐增长的趋势,但实际上 1960 年以后口粮定量中,掺入大量的小麦、绿豆、赤豆等,大米所占的比重大幅度下降。而猪肉和食用油更是急剧减少,1959 年 4 月上海城市居民的人均猪肉供应由每月 12 两减至 6 两(16 两制);5 月,全市的生猪供应由过去每天 4 000 头下降到不足 400 头;6 月,城市居民每人每月食油供应量由半斤减为 4 两。[④]

表 2　1957—1962 年上海市区居民的粮食消费水平　　(单位:斤)

	1957—1958 年	1958—1959 年	1959—1960 年	1960—1961 年	1961—1962 年	1962 年 5 月
合　计	28.40	30.71	32.01	27.99	27.79	27.52
口粮定量	24.45	24.71	25.28	26.07	26.12	26.02
补助粮	0.46	1.64	2.05	1.17	0.67	0.50
副食品	2.87	3.42	3.51	0.75	1.00	1.00
糕　点	0.62	0.94	1.17	—	—	—

资料来源:上海市粮食局关于上海市市区居民粮食供应水平和消费水平的资料,1962 年 7 月 15 日,上海市档案馆,档号:B135-1-982-9。

然而,在采取了种种应急措施后,城市的粮食供应压力并未得到有效缓解。

---

① 上海市粮食局关于上海粮食供应情况和问题的报告,1963 年 8 月 24 日,上海市档案馆,档号:B135-1-1149-63。

② 《中共中央关于压低农村和城市的口粮标准的指示》,1960 年 9 月 7 日,《建国以来重要文献选编》,第十三册,第 565—570 页。

③ 赵发生主编:《当代中国的粮食工作》,中国社会科学出版社 1988 年版,第 115 页。

④ 中共上海市委党史研究室编:《艰难探索(1956—1965)》,上海书店出版社 2001 年版,第 46 页。

到 1960 年 11 月,北京、天津、上海三地粮食随到随销的局面没有丝毫改变,粮食形势依然严峻,单靠粮食调拨并不能解决问题。[①] 对此,陈云提出四条基本应对策略,其中,最重要的一条就是动员城市人口下乡。陈云指出:"摆在面前只有两条路,一是继续挖农民的口粮,二是动员城市人口下乡。农民口粮已经挖得很深了,不能再挖,只能动员城市人口下乡,减少城市粮食供应。"[②]陈云建议 3 年内至少压缩 2 000 万城镇人口下乡。

在陈云看来,2 000 万人在城里吃饭和下乡吃饭大不一样。

> 工人头一年下去,每人每年可以减少供应 150 斤粮食,下去 1 000 万人就是 15 亿斤,2 000 万人就是 30 亿斤。这是第一年的差别,更显著的差别还在第二年,加上农村的工人回了老家参加集体生产和分配,不需要国家供应粮食了,这样下乡 1 000 万人就可以减少供应粮食 45 亿斤,2 000 万人就是 90 亿斤。[③]

站在官方的立场来看,动员城镇人口下乡对于减轻粮食负担,准确地说是减轻政府粮食供应的负担,是极有帮助的。但从 2 000 万人自身粮食消费量来说,在城里和下乡吃饭所需要的粮食并没有差别,"大不一样"的是政府的粮食供应压力大幅度减轻。实际上,中央规定只供应每个下乡人口 1 个月的口粮,且每人不能超过 30 斤,其余所需的粮食则由农村生产队负责。2 000 万城镇人口下乡实质上是一种矛盾的转嫁,将国家直接与农民争粮的矛盾,转给 2 000 万下乡的城镇人口,让 2 000 万人自行在饥馑的农村觅食,与农民争粮。中共中央已经意识到,中国的农村正陷入大饥荒,继续挖农民的口粮是极为危险的,甚至会引发国家与农民之间的激烈冲突。那么如果让 2 000 万城镇人口直接到农村觅食,至少可以减少政府与农民直接发生冲突的危险。陈云的建议很快得到中共中央的认可,并决定从 1961 年开始大规模清退城镇人口。

1961 年五六月间召开的中共中央工作会议正式作出了大幅度精简城镇人口的决策,并通过了关于减少城镇人口和压缩城镇粮食销量的九条办法,明确提出要在 1960 年年底 1.29 亿城镇人口的基础上,三年内减少城镇人口 2 000 万

---

① 林蕴晖:《乌托邦运动:从"大跃进"到大饥荒(1958—1961)》,中文大学出版社 2008 年版,第 605 页。
② 《陈云文选》第三卷,人民出版社 1995 年版,第 161 页。
③ 张湛彬、刘杰辉、张国华主编:《"大跃进"和三年困难时期的中国》,中国商业出版社 2001 年版,第 383 页。

人，其中，1961 年争取至少减 1 000 万人，1962 年减 800 万人，1963 年扫尾。[①] 由此，开启了全国性的城镇职工精简运动。

三、精简职工：动员城市人口下乡

在“大跃进”和三年困难时期，上海对城市人口的疏散和精简大致可以 1961 年为界分为前后两个阶段。前一阶段是从 1958—1960 年，这一时期对外来农民的疏散本质上是对新中国成立以来上海一以贯之的控制城市人口政策的延续。尽管“大跃进”造成的大招工和农民进城浪潮严重冲击了这一政策的执行，但从上海市政府始终未曾放弃对外来农民进城的限制。这阶段主要的疏散对象是盲目进城找工作的农村劳动力，包括将流浪人员和河道上流散小船的收容遣送。而这项工作的主要执行者是民政和公安部门。1961 年年中以后展开的大规模精简职工运动则在性质上和规模上都与前一阶段发生了明显的不同。后一阶段的精简城市职工的推动力来自中央，而不再仅是上海市政府的地方需要。精简的对象不仅仅是进城的农村人口，而且包括在工厂企业工作多年的老职工、干部及他们的家属——当然首先动员的是 1958 年 1 月以后进城的农村职工。[②] 工厂企业的职工与进城农民在被动员下乡这件事情上有着本质的差别。按照当时的社会结构设计，农民私自进城属于非法行为，因而被动员和遣送回乡则显得合法合理，而动员工厂职工下乡唯一的正当性在于，国家需要他们通过牺牲个人的利益来帮助国家渡过眼前的难关，而这种牺牲小我成全大我的集体主义精神在当时已被广泛地树立为新的道德标准，国家可以以此要求职工个人作出利益牺牲。在对“大跃进”进行调整之后，精简职工取代了生产高指标，成为政府上下，包括工厂企业在内的首要任务。因此，这一阶段的精简城镇人口工作，就不再是民政和公安部门等少数职能部门的事情了，而是全党上下“一起动手”的共同任务。

上海大规模的精简城市职工是从 1961 年的 7 月份开始的。这年 7 月，上海市精简了 0.39 万人，在政府推动下，群众运动式的动员在八九月份掀起了高潮，其中，8 月精简 6.94 万人，9 月 6.15 万人，10 月 2.73 万人。在八九月的高潮期，两个月时间便完成了全年精简任务 20 万人的半数以上。从这年的 7 月初到 10 月底，上海市共计减少城镇人口 16.22 万人。其中，职工 8.63 万，学生 3.11

---

① 赵发生主编：《当代中国的粮食工作》，中国社会科学出版社 1988 年版，第 116 页。
② 上海市劳动局：关于动员职工回乡工作中若干具体问题的解答，1962 年 4 月 12 日，静安区档案馆，档号：042 - 2 - 2319 - 7 - 15。

万人,职工家属 2.26 万人,其他社会人口 2.21 万人。精简职工的去向主要是支援农业生产,计有 10.65 万人,占 65.66％,其他去向还包括支援各地建设的 0.72 万人,去外地求学的学生 0.96 万人,迁往外地职工所在地的职工家属 0.61 万人以及服兵役 3.26 万人。10 月份精简人数已经开始回落,11 月精简人数进一步降为 1.28 万人,其中,职工 0.14 万人,学生 0.19 万人,职工家属 0.36 万人,其他社会人口 0.67 万人。① 此时已经接近年底,完成精简任务 17.49 万人,距离全年精简 20 万人的指标还有一定差距。在最后一个月的时间里,为了完成指标,上海市将工作重点转向动员城市青年投考江西省共产主义劳动大学(简称"江西共大")②,以及动员职工支援安徽两淮煤矿和南京军区修建队、支援福建林业建设、在崇明进行围垦等措施上,其中,动员城市青年投考"江西共大"成为此时上海社会关注的最大热点。

上海市委对动员青年投考"江西共大"的任务作了这样的阐述:"为了减少城镇人口,支援外地建设,在市区和各县的城镇动员一万五千名知识青年,投考半工半读的江西省共产主义劳动大学。"③上海市政府并不隐瞒其动员青年报考"江西共大"是为了减少城镇人口的真实动机。宣传动员工作很快在全市各中学、街道居委等铺开。动员的对象主要是没有升学的、年满 17 岁的初、高中毕业生,包括历年毕业而未就业的社会青年。在运动中不断宣传"天下为己任""好男儿志在四方"等观念,动员青年报名。经过一个月暴风骤雨式的动员工作,共招录了青年学生 1.2 万人,最终出发成行的有 9 453 人。这 9 000 余青年陆续被分配到江西南昌、上饶、九江、抚州、宜春、吉安、赣南等"江西共大"的 54 所分校。④尽管这与原先的 1.5 万人的目标尚有所差距,但这近万名青年的离开,显然对于完成年底最后的精简任务发挥了很大的作用。

然而,"江西共大"的安置效果并不理想。由于共大的校区分散在江西各地的山区,多数交通闭塞,劳动和生活条件艰苦,学生难以坚持。到 1962 年 11 月 20 日,返沪学生已经达 3 742 人,占总数的 39.55％。其中,因病返沪的 1 011 人,占 27.01％;擅自离校跑回上海或者请假不归的 2 250 人,占 60.12％;被学

---

① 中共上海市委人口工作领导小组办公室编印:《人口工作简报》,第 20 期,1961 年 12 月 9 日,上海市档案馆,档号:A62-2-14。

② 江西省共产主义劳动大学是为了开发山区而创办的半工半读性质的学校,要求学生"勤工俭学、半工半读、生产自给",在江西全省的各个山区设立了 88 所分校,主要分布在井冈山、茅山、油山等条件艰苦的革命老区,因此,去共大实则与下乡参加农业生产无异。

③ 中共上海市委批转教育局党委等四单位关于动员知识青年报考江西共产主义劳动大学的请示报告,1961 年 10 月 17 日,上海市档案馆,档号:B105-7-1116-24。

④ 共青团上海市委关于动员上海市知识青年报考江西共产主义劳动大学的情况和体会,1962 年,上海市档案馆,档号:C21-2-1846-71。

校开除或者勒令退学的 446 人，占 11.91％；已回乡生产的 35 人。这些回沪学生绝大部分都不再愿意回"江西共大"，除了极为艰苦的生活条件外，血吸虫病也是让学生感到畏惧的重要因素。①

不论如何，上海市最终还是超额完成了当年的精简指标。到 1961 年年底，上海全市共迁出了 24.10 万人，其中，职工减少 10.57 万，学生、职工家属和其他城镇居民 13.53 万人。②

1962 年农历春节刚过，这年的精简工作便迅速展开。上海市委陆续召开了多次大规模的党员动员大会，"要求全党以精简职工、减少城镇人口作为首要任务"，并提出要"在 4 月份做出显著成绩"。③ 在市委"显著成绩"的要求和号召下，基层政权组织迅速行动起来，在四五月份掀起了 1962 年年度的精简高潮。以上海市冶金工业局为例，自 4 月 1 日至 5 月 15 日，该局共精简了 10 833 人（其中，支农 3 038 人，辞退里弄工 6 926 人），完成了全年规划精简总数的 47％。④用仅仅一个半月的时间完成了全年规划数的近半数，因而可以认为，四五月份是这年精简运动的高潮期。

根据档案资料的记载，上海市 1962 年年底国有企业职工人数为 186.94 万人，比 1961 年末的 206.14 万人净减少 19.20 万人。另外，加上安置在崇明农场的 2.70 万人，剔除武警转入部队 4 576 人和嵊泗划归浙江 2 333 人，则 1962 年实际精简国有企业职工达到 21.21 万人。⑤ 而同一时期，集体企业职工人数则从 57.42 万压缩到 45.13 万，减少 12.29 万人。国有企业职工和集体企业职工两者合计，则 1962 年共精简职工 33.49 万人。在另外一份关于回乡职工的调查报告档案中称，"1961—1962 年上海市精简职工 34.3 万（其中全民所有制单位 21 万人，1958 年进厂的里弄工 12.9 万人）"⑥，两者十分接近。而据国家统计局公布的数据则为 31.07 万人（1961 年职工数 264.40 万人，1962 年 233.33 万人）⑦，

---

① 中共上海市委精简小组办公室关于江西共大返沪学生处理情况和意见，1962 年 11 月 28 日，上海市档案馆，档号：A62-1-14。

② 上海市劳动局关于本市减少城镇人口支援农业生产工作的汇报，1962 年 3 月 16 日，上海市档案馆，档号：A62-1-10。

③ 中共上海市委精简小组：上海市减人工作进展情况简报，1962 年 4 月 8 日，上海市档案馆，档号：A62-1-14。

④ 上海市冶金工业局关于精简人口工作初步情况、工作小结及工作汇报，1962 年 5 月 1 日，上海市档案馆，档号：B112-1-267。

⑤ 上海市劳动局计划处关于 1962 年上海市各主要单位精简职工规划完成情况，1963 年 1 月 22 日，上海市档案馆，档号：B127-1-748。

⑥ 上海市劳动局关于本市回乡职工的调查情况，1970 年 11 月，上海市档案馆，档号：B127-3-121。

⑦ 上海市统计局编：《上海市国民经济和社会发展历史统计资料（1949—2000）》，中国统计出版社 2001 年版，第 46—47 页。

与档案记载数据也十分接近。

随着精简工作的不断推进,逐渐出现了动员对象扩大化的倾向。按照运动之初的文件,精简动员对象主要是"1958年1月以来参加工作的来自农村的新职工",以及闲散人口、倒流人口等,清退临时工和里弄工。对于在街道民办企业、事业单位工作和个体劳动者并不作为闲散人口对待。① 然而到1962年后,"为了保证完成精简任务",上海市除了坚决动员1958年以后来自农村的新职工回乡外,还不得不"动员一部分老弱职工退休、退职以及动员一部分有条件回乡的老职工退职回乡参加农业生产"。② 根据对50个工厂3 200名被动员回乡职工的调查,这些回乡职工当中,连续工龄在10年以上的职工占60%,一般工龄在10年以上的占72.9%,③可见回乡职工当中有相当部分已经在上海工作多年,不少甚至在解放前就已经到上海工作,并非1958年"大跃进"之后才从农村招工进厂的。出于完成精简任务的需要,动员对象不断扩大,乃至在实际执行当中,动员的条件最后被简化成一条:只要是来自农村的职工,不论到上海的时间长短,都可以被动员回乡。

精简对象的扩大化实际上也反映了精简运动遇到的阻力越来越大。进入1963年,精简运动已渐成强弩之末。1963年上半年,上海市的精简工作进展缓慢,为此,华东局专门发文批评:"上海是华东各省市减人工作进展最慢的地区。"④时任上海市委书记处书记陈丕显批评:"精简工作行动太迟缓,太不像样!"⑤实际上,经过前面两年的大规模的精简后,符合条件的动员对象逐渐减少,业已呈现老职工多、新职工少的局面,动员越发困难。尽管按照中央文件的规定,动员回乡的对象是1958年1月以后进入城市的农村人口,但为了完成城市减人指标,已经不得不动员一部分老家在农村的老职工退职回乡参加农业生产。⑥ 加之各工厂企业在精简过程中存在"甩包袱"的现象,往往优先将工厂的老弱病残精简下来,导致农村不愿接收城镇的精简职工。这些都使得此时的精

---

① 上海市委人口办公室关于精简职工、减少城镇人口若干具体问题的意见,1961年8月18日,奉贤区档案馆,档号:GF0010 - 26 - 0026。

② 中共上海市委精简小组办公室:《上海市精简职工、减少城镇人口的情况》,1963年2月3日,上海市档案馆,档号:A69 - 2 - 165。

③ 中共上海市委精简小组办公室关于上海市精简职工、减少城镇人口情况的材料,1963年2月3日,上海市档案馆,档号:A69 - 2 - 165 - 1。

④ 中共上海市委精简小组办公室关于当前减少城镇人口工作的情况和意见,1963年6月7日,上海市档案馆,档号:A69 - 2 - 165 - 12。

⑤ 1963年9月29日陈丕显同志对精简工作的指示,1963年9月29日,静安区档案馆,档号:028 - 2 - 254 - 6 - 70。

⑥ 中共上海市委精简小组办公室关于上海市精简职工、减少城镇人口情况的材料,1963年2月3日,上海市档案馆,档号:A69 - 2 - 165 - 1。

简工作越发困难。

1963 年,动员对象重点转向了城市社会人口,而城市社会人口中,80％是城市干部和职工的家属,这些人大多久居城市,抵触力强,动员最为困难,①尤其是干部家属,难度更大。静安区"重工二局下属 11 个厂中,有 15 个书记、厂长级的领导干部的家属都是动员对象,但仅有两个领导干部态度比较明朗,其余 13 个思想都不通,其中,有少数的甚至抵触不满,把来做动员工作的里弄干部顶回去。江宁机床厂支部书记、厂长、工会主席、人事科负责人,家属都有条件动员回乡,但都不表示态度,相互观望、推脱,致使该厂(动员下乡)工作根本无法开展"②。

在精简工作举步维艰的情况下,出台了两项新举措:一是开始大规模清理整顿"虚户虚口"问题;二是撤销部分城镇建制。这实际上是为完成减人任务而采取的弥补性措施,并未带来实质性的人口迁移。所谓的"虚户虚口"问题指的是那些人已经迁移到农村或外地,但户口却还挂在上海,形成"吃空饷"的问题。只要户口未迁离,便可每月按照规定领取一份粮票、布票等物质。③ 因此,整顿虚户虚口,对于减少账面上的城市人口数量以及减少城市粮食销量有直接的帮助。

撤销部分城镇建制是针对"大跃进"期间建制镇数量的"大跃进"而采取的纠正措施。"大跃进"时期,全国城市的数量从 1957 年的 176 个快速增长到 1961 年的 208 个,上海郊县在 1958 年的城镇数量增加了 12 个,由此带来 3.7 万的城镇人口。④ 1963 年,国务院将城镇的人口门槛从 2 000 人提高到了 3 000 人,不少城镇由此降格,上海市在这年 6 月份撤销了郊县的 9 个建制镇,改为农村,直接减少账面上的城镇人口 20 619 人。此外,还缩减部分城镇的范围,将城镇周边地区划定为农村,由此,将 6 554 名城市人口就地转为农村人口。⑤

是年 1—7 月,上海全市城镇人口共精简 12.27 万人,同期迁入 2.23 万人,

---

① 全区党员干部大会:精简人口工作贯彻中存在许多问题,1963 年 3 月 12 日,静安区档案馆,档号:028 - 2 - 154 - 2。

② 张文豹同志传达市委对精简工作的指示和部署区的贯彻意见,1963 年,静安区档案馆,档号:028 - 2 - 254 - 6 - 70。

③ 例如,上海退休工人朱静芳自 1960 年退休后就回到原籍崇明和丈夫共同生活,但户口和粮油关系一直未迁到农村。朱将每月的粮票积存后给了她的女儿朱秀英(大新染织厂的工人),一人吃上双份口粮。参见中共上海市静安区委精简办公室:关于张家宅、武定、延西街道的晋福、永平、田基浜等 12 个里委的虚户虚口情况调查报告,1964 年 11 月 11 日,静安区档案馆,档号:042 - 2 - 1639 - 22 - 127。

④ 中共上海市委精简小组关于上海市第三个五年计划期间减少城镇人口工作的初步规划(草案),1963 年 8 月 18 日,上海市档案馆,档号:A69 - 2 - 165 - 45。

⑤ 中共上海市委农村工作部精简小组办公室关于郊区动员城镇人口下乡插队情况的报告,1963 年 8 月 6 日,上海市档案馆,档号:A69 - 2 - 165 - 38。

净减 10.04 万人,超过中央和华东局下达的 7.4 万人的任务。[①] 而全年共减少城镇人口 18.38 万人,迁入 5.09 万人,净减 13.29 万人。而这年人口自然增长 13.06 万人,据此,将自然增长和机械增长全部计算在内,全年城镇人口净减了 0.23 万人,可以说基本维持了上一年年底城镇人口的水平。[②]

纵观 1961—1963 年的精简运动,全国共减少城镇职工 2 546 万人,其中,回到农村的 1 641 万人,占 67％。[③] 全国性的精简工作到 1963 年的 7 月正式宣告结束。这年的 7 月 6 日,中央精简小组向中共中央提交报告称:“我们认为,这一次全国性的减人工作,现在可以宣布基本结束。”[④]不过在上海,这一工作仍然在继续,市、区两级的精简部门被作为常设机构保留下来,并将精简城市人口作为上海长期发展的战略。[⑤]

从控制城市人口规模的角度来说,这次的精简城镇职工运动可以说是成功的。根据档案的数据,1962 年年底上海全市城镇常住人口共有 698.7 万人,仅仅比 1957 年的 688.2 万人增加了 10.6 万人,[⑥]可以说基本回到了“大跃进”之前的水平。但是这是在忽略了 1958—1963 这 5 年城市人口自然增长的前提下得到的看法。按照当时的自然增长率水平计算,这 5 年上海自然增长人口达到 75.2 万人[⑦],那么,这 5 年实际上净迁出 64.7 万城市人口,包括从市中心迁往郊区农村。而如果仅仅看上海市区的情况,那么市区的人口则从 1957 年的 634.3 万人增加到 1962 年的 636 万人,只增长了 1.7 万人,而同期市区人口的自然增长高达 68.3 万人,这意味着市区人口净迁出了 66.6 万人。这表明,这场精简运动不仅将“大跃进”以来涌进城市的农村人口清退回了农村,而且还将大量的城市原籍人口也动员到了农村;不仅消灭了由农村人口迁移带来的机械增长,而且消灭了城市人口的自然增长,进而使上海城市人口的绝对数量保持稳定。在全

---

① 中共上海市委精简小组关于上海市 1963 年 1—7 月减少城镇人口工作情况和今后几个月工作意见的报告,1963 年 8 月 28 日,上海市档案馆,档号:A69-2-165-42。

② 上海市 1964 年减少城镇人口工作方案,1964 年 3 月 7 日,上海市档案馆,档号:A62-1-27。

③ 《当代中国》丛书编辑部:《当代中国的劳动力管理》,中国社会科学出版社 1990 年版,第 132 页。

④ 中央精简小组关于精简任务完成情况和结束精简工作的意见的报告,《建国以来重要文献选编》,第 16 册,中央文献出版社 1997 年版,第 552 页。

⑤ 中共上海市委精简小组关于上海市 1963 年 1—7 月份减少城镇人口工作情况和今后几个月工作意见的报告,1963 年 8 月 28 日,上海市档案馆,档号:A69-2-165-42。

⑥ 中共上海市委精简小组办公室关于上海市精简职工、减少城镇人口情况,1963 年 2 月 3 日,上海市档案馆,档号:A69-2-165-1。

⑦ 根据档案记载,1958—1962 年上海城市人口自然增长率分别为 30.64‰、21.74‰、20.21‰、17.34‰、18.32‰。中共上海市委精简小组关于上海市第三个五年计划期间减少城镇人口工作的初步规划(草案),1963 年 8 月 18 日,上海市档案馆,档号:A69-2-165-45。

国范围内,精简运动以及城市降低生育率的诸多努力①,使得全国的城市化率在1961年的高峰之后逐步回落,从1961—1965年,城市人口占总人口的比例从15.4%逐年下降到14.1%、13.15%、12.7%和12.2%。

四、小结

1950年代是中国人口自由迁移阶段,尽管政府对农村人口进入城市的控制逐步加强,但在总体上这一时期的人口迁移仍可以说是充满活力的。"大跃进"在客观上打破了对人口城乡流动的控制,并将人口流动推向了高潮。但之后人口迁移则进入了长时期的相对凝固状态,户籍制度在"大跃进"和三年困难时期平息之后重新启动,承担起了其控制城乡人口流动的历史使命,人口流动的管制空前加强。上千万的农民在城乡之间来回"兜一圈"后,在不经意中为自己日后的垂直社会流动设置了制度的壁垒。在承担了巨大风险才将数千万人口动员回乡后,国家自此对农民进城保持了高度的紧张和戒备。农村人口不仅变成了中国的社会结构中二等公民,而且被隔离在城乡壁垒的高墙之外,从农村流向城市的渠道被堵塞,当代中国的社会结构变化开始在两个相对封闭的社区中各自独立进行,②因此从这个角度来说,"大跃进"是一道分水岭,中国的人口迁移在这前后呈现完全不同的情景。

被分隔开的不仅仅是城市和农村,还有不同行政等级之间的大小城市。从大城市到小城市、从高行政级别向低级别城市的人口流动是受到政府的允许和鼓励的,在迁移手续上可以得到有关部门的协助,但从小城市向大城市的流动则如同从农村到城市一样困难重重。此后的中国社会,按照从大城市、中小城市、

---

① 通过提倡计划生育和宣传晚婚等方式努力降低城市生育率是这一时期政府控制城市人口增长的重要措施之一,目的是减少城市人口的自然增长。1962年12月中央和国务院指示各大城市要认真提倡计划生育工作,上海随即成立了市、区两级计划生育委员会,广泛地进行计划生育和提倡晚婚的宣传教育。上海当时提倡男性30岁、女性25岁结婚,大力宣传晚婚。上海还规定了"学生和学徒在学习、培训期间不得结婚"。同时还大力推行绝育手术,1963年上半年上海已经有6.5万人做了节育手续。参见档案:中共上海市委精简小组关于上海市1963年1—7月份减少城镇人口工作情况和今后几个月工作意见的报告,1963年8月28日,上海市档案馆,档号:A69-2-165-42;中共上海市金山县委员会关于转发"关于1963年减少城镇人口及安置工作的方案"的通知,1963年3月17日,上海市档案馆,档号:A69-2-165-7;全区党员干部大会:计划生育问题,1963年3月12日,静安区档案馆,档号:028-2-154-2。通过一系列的努力,上海的人口出生率在1950年代末1960年代初开始下降,从1957年44.18‰逐渐下降到1964年的20.54‰,1970年代则下降到更低的水平。参见上海市人口与计划生育委员会编:《上海市人口与计划生育统计资料汇编(1949—2000)》,上海:出版社不详,2002年,第55页。上海的人口再生产模式从高生育率到低生育率的转变过程主要在1960年代完成,相对来说,全国性的生育率下降还要到1980年代初计划生育全面推广以后。

② 邱泽奇:《当代中国社会分层状况的变迁》,河北大学出版社2004年版,第65—66页。

农村这样的高低级别,构成了新的金字塔状的社会阶层结构。处在顶端的是大城市以及城市里的干部和职工,而结构的最底端则是广大的农村和农民。自上而下的流动是受到政府鼓励的,但自下而上的流动则受到严格的限制。然而诚如俗语所云"人往高处走、水往低处流",几乎所有的自发性的社会流动都向上的,这是人性使然。而这样的社会结构却使得国家的意志与个人意志之间发生了明显的冲突。尽管中共政权拥有的强大社会动员力保证了国家的意志对个人意志的胜利,但这仍然使得中国的社会阶层结构始终充满了张力。上海作为当时中国最大的工业城市,高于一般城市而居于金字塔结构的顶端,甚至连上海郊区农村也高于内地的农村。这使得动员上海的城市人口下乡,尤其是迁往内地甚至是边疆地区的农村,则无疑是要求从金字塔最顶端到最底层,动员安置的难度可想而知。

城市发展的规模最终决定于农业所能提供的剩余水平。当时中国的农业生产并没有发展到足以支撑快速城市化的程度。诚如黄宗智所言,集体化生产制度并没有消除中国农业过密化的倾向,单位劳动生产率也没有提高,农村劳动力的报酬仍只能维持生存。① "大跃进"期间城市人口规模的急剧膨胀已经超出了农业的承受能力,使得城市出现严峻的粮食压力,精简政策的合理性在于调整这一时期超越了农业供给能力的城市发展步伐。陈云在动员精简城镇人口下乡时就曾指出粮食供应困难问题对于城市的威胁,他说:"新中国成立以来,出现过四次粮食供应比较严重的紧张状况。这四次当中,有三次是由于城市人口增加过多产生的,也就是说,城市人口的增长超过了当时商品粮食负担的可能。"② 而更深层次的原因可能要追溯到计划经济体制本身及其衍生出的优先发展工业,尤其是重工业的发展战略。为了配合工业的发展,中共决定将城市的主要功能从消费转为生产,而控制城市人口的增长可以最大限度地减少消费,从而将当时从农业部门抽取的极为有限的资本集中于工业建设中。这种发展思路使得中共在整个计划经济时期一直严格控制着城市人口的增长。控制城市人口增长就成为在农业欠发展的基础上力图推进工业化的政策产物。

中共政权强大的社会动员力和控制力是精简城镇人口得以实现的关键因素。在精简运动结束,2 000多万人口回乡后,毛泽东不无感叹地说:"我们的人民好啊,几千万人招之即来、挥之即去。"③ 然而,如前文所述,事实并没有这么轻

---

① 黄宗智:《长江三角洲小农家庭与乡村发展》,中华书局2000年版,第317页。

② 商业部当代中国粮食工作编辑部编:《当代中国粮食工作史料》,内部发行,1989年,第314页。陈云所指的四次粮食危机年份分别是1953年、1954年、1957年和1959年,除了1954年是因为征粮过多造成的危机外,其他三年的粮食危机主要是城市人口过多,超过农业所能提供的剩余粮食的水平导致的。

③ 此系毛泽东于1962年8月9日在北戴河中共中央工作会议中心小组会上的讲话,见薄一波:《陈云同志的业绩与风范长存——为纪念陈云同志逝世一周年而作》,1996年4月10日《人民日报》。

松。招农民进城并非中央政府和地方政府的本意,即便中央政府迫于地方对劳动力的需求压力而将招工权力下放地方的时候,中央仍然谨慎地要求各地不要到农村招工。最强烈的招工需求来自工厂企业,在完成"大跃进"的高指标的压力下,工厂企业急于招收工人、扩大生产。工厂的招工需求与农民进城"泥鳅变龙"的愿望一拍即合,出现了农民大量进城的局面。对于中共中央来说,控制城市人口增长一直是政权建立以后的一个极为重要的政治目标,然而,1958 年国民经济的全面"大跃进"的需要完全压倒了长期以来控制城市人口增长的需要,才使中共中央可能暂时放松了对城市人口规模的严格控制。这中央的退让是农民得以进城的必备条件。而当中央重新启动对城市人口的控制时,形势立刻发生了逆转。精简运动不仅让刚进城的农民回到农村,而且还动员了大批城市原有职工和人口下乡,而在这个过程中,农民和城市原有人口远非心甘情愿地"挥之即去",然而,依靠中共政权强大的社会动员力和控制力,精简工作在两年多的时间内,超额完成。

落地不生根：上海皖南小三线人口迁移研究[*]

陈　熙[1]、徐有威[2]

（1 复旦大学中华古籍保护研究院，研究员，上海 200433；

2 上海大学历史系，教授，上海 200444）

出于备战的需要，中国在二十世纪六七十年代掀起了一场大规模的以建设后方军工基地为主要目标的三线建设运动。三线建设以沿海一线地区的工厂企业迁建内地的"嫁接"方式展开，以求迅速将西南、西北地区建成稳固的战略大后方。在全国性的大三线建设开展后不久，毛泽东便决定推广广东经验，要求一线省市在省内建设自己的常规武器基地，以便战时独立作战。相对全国性的大三线建设，各省区市投资的以生产团级以下武器装备为主的地方军工则被称为小三线。由于大、小三线皆以工厂内迁的"嫁接"方式开展，因此，形成了规模浩大的自东向西的工业迁移流，而大批产业工人、家属和干部的随厂内迁，则构成了一股持续性的西进移民潮，或西向迁往西南、西北腹地，或迁往省区市内后方山区。不同于同一时期其他以疏散城市过剩人口为目标的移民，三线移民的主要对象是生产性人口，以产业工人、部分家属和干部为主，因而在移民的动员、安置、管理以及移民所产生的影响等一系列问题上都具有其独特性。

对三线建设的研究始于 1980 年代末期，但真正成为学术研究热点是在西部大开发的战略提出之后。学界对三线建设的原因、发展过程、产生的影响和历史意义等一系列问题进行探讨，试图从中得到对西部大开发有益的经验，由此形成了一批具有较高学术水准的研究成果，其中，具有代表性的成果是陈东林的《三线建设——备战时期的西部开发》。① 此后，研究领域逐步拓宽、细化，覆盖到三线建设的其他诸多领域，诸如对三线建设的决策过程与成因分析，②对三线建设

　＊ 本文受国家社会科学基金重大项目《小三线建设资料的整理与研究》(13&ZD097)、中国博士后科学基金《上海小三线建设研究》(2015M570320)资助。

　① 陈东林：《三线建设——备战时期的西部开发》，中共中央党校出版社 2003 年版。

　② 陈东林：《从"吃穿用计划"到"备战计划"——"三五"计划指导思想的转变过程》，《当代中国史研究》1997 年第 2 期；董宝训：《影响三线建设决策相关因素的历史透析》，《山东大学学报》（哲社版），2001年第 1 期等。

工业布局问题的探讨，①三线企业的改造与调整②等。然而，上述研究成果主要集中于三线建设中的大三线建设的研究，而对小三线建设的研究仍十分薄弱。

近年来，小三线建设逐步进入学术界的视野。目前，对小三线建设的研究主要从区域的视角着手。成果主要包括对上海、新疆、河北、福建和湖北等地的小三线的研究。③ 徐有威就上海小三线问题进行了口述资料和档案资料的整理研究，④段伟对上海小三线重镇的安徽宁国县的相关研究，认为小三线厂经改造后，对宁国县域经济和城镇发展起到积极的促进作用。⑤ 崔海霞从社会史的角度研究了 1965—1988 年间上海小三线的社会生活面貌。⑥ 随着研究的深入，目前对小三线研究已经从单纯的工业建设拓展到社会经济文化等多方面的研究，包括对小三线的民生问题、⑦小三线职工的婚姻问题等。⑧ 不过，目前的研究仍然极少涉及三线移民这一重要命题。

小三线职工在城市和后方之间的流动与小三线的兴衰起落密切相关，既是小三线建设的重要部分，也是把握小三线发展脉络的切入口。在大量的基层档案和口述资料的基础上，本文集中对上海小三线移民问题进行研究，以期达到管窥之效。

一、动员

1965 年 5 月，时任上海市委书记的曹荻秋和副市长宋季文带队到皖南进行实地勘察，并选定屯溪（安徽徽州地委所在地）为中心建设上海后方基地，即上海

---

① 段伟：《甘肃天水三线建设初探》，《中国经济史研究》2012 年第 3 期。

② 李彩华：《三线建设调整改造的历史考察》，《当代中国史研究》2002 年 3 期；陈东林：《走向市场经济的三线建设调整改造》，《当代中国史研究》2002 年第 3 期；段伟：《安徽宁国"小三线"企业改造与地方经济腾飞》，《当代中国史研究》2009 年第 3 期。徐有威、李云：《困境与回归：调整时期的上海小三线——以新光金属厂为中心》，《开发研究》2014 年第 6 期。

③ 刘建民：《河北"小三线"建设的回顾与评价》，《高校社科信息》2004 年第 1 期；钟健英：《六十年代福建的"小三线"建设》，《福建党史月刊》1998 年第 5 期；谷桂秀：《闽北的小三线建设及其对当前经济建设的借鉴意义》，《福建党史月刊》2012 年第 21 期。

④ 徐有威主编：《口述上海——小三线建设》，上海教育出版社 2014 年版；徐有威：《口述史和当代军事史研究——以上海小三线建设为例》，《军事历史研究》2012 年第 1 期；徐有威：《刻不容缓地重视口述史，保存中国当代史不可再得的鲜活资料》，《社会科学》2012 年第 5 期。

⑤ 段伟：《安徽宁国"小三线"企业改造与地方经济腾飞》，《当代中国史研究》2009 年第 3 期；《上海小三线建设在县域分布特点的历史地理考察——以安徽省宁国县为例》，《中国史研究》（韩国）第 82 辑（2013 年 2 月）。

⑥ 崔海霞：《上海小三线社会研究》，博士论文，上海大学，2013 年。

⑦ 张秀莉：《皖南上海小三线职工的民生问题研究》，《安徽史学》2014 年第 6 期。

⑧ 徐有威、吴静：《危机与应对：上海小三线青年职工的婚姻生活——以八五钢厂为中心的考察》，《军事历史研究》2014 年第 4 期。

皖南小三线。搬迁动员的试点工作随即展开。从 7 月 4 日开始,上海市根据中共中央《关于加强战备工作的指示》,先后在上海无线电二厂、上海服装厂、建筑工程局 702 工程队、粮食局油脂公司、复旦大学(中文、物理两个系)、普陀区胶州里委会、上海实验歌剧院、金山县金卫公社、奉贤江海公社秀南大队等 9 个基层单位进行了备战动员。① 突出强调战争威胁的紧迫性,号召民众积极做好备战工作,配合工厂和职工内迁。

然而,单一的备战理由并不足以完全说服工人内迁。工人中出现诸如"讲讲要防备打仗,看看不像会打仗,大搬家不合算"之类的看法。② 从上海迁到皖南山区,虽满足了国家的战略需要,但却牺牲了个人的实际利益,不单是收入水平、粮食定量、生活条件等经济条件的下降,而且也包括如夫妻分居、父母子女分离等家庭社会方面的影响。一份对三线迁厂职工的摸底报告称:"许多人开始听到迁厂的消息,震动很大,吃不下饭,睡不着觉,有的哭泣,有的埋怨。"③"不少工人无心生产,生产逐日下降;有的女工们躲在厕所里放声哭泣;有的装疯、装病,保健室的病号也骤然增加起来。"④有些工人表示"工厂可以搬,自己不愿去"。⑤ 上海市支内领导小组将工人们的担忧归纳为"两留恋""四害怕":留恋上海大城市,留恋安宁团聚的小家庭;怕内地生活艰苦、怕降低收入增加开支、怕亲属分居两地、怕老死在外乡。⑥ 这种类似焦虑情绪在小三线的移民动员过程中同样存在。

事实上,官方对于工人内迁可能遇到的困难有着清醒认识。八机部在一份关于上海动力机厂的搬迁报告中称:"对工人的动员显然要比搬迁工厂设备要困难和复杂得多。"⑦对此,提出的解决方案是加强对职工的思想政治教育,提高政治觉悟。政治思想教育在此后的动员工作中被放在了首要位置。一机部称职工

---

① 《中共上海市宣传部关于备战的动员报告及宣传要点》(1965 年 7 月 14 日),上海市档案馆,档号:A22-2-1288。

② 《上海市支援内地建设工作领导小组办公室关于上海市工厂企业搬迁工作的情况报告》(1966 年 4 月 27 日),上海市档案馆,档号:A38-1-394-2。

③ 《上海市工业生产委员会关于上海五个厂迁往三线的工作报告》(1965 年 3 月 12 日),上海市档案馆,档号:A38-1-343-98。

④ 《中共上海市委工业生产委员会关于迁厂动员工作中各类职工思想特点的分析报告》(1965 年 2 月 26 日),上海市档案馆,档号:A38-1-343-63。

⑤ 《上海市支援内地建设工作领导小组办公室关于上海市工厂企业搬迁工作的情况报告》(1966 年 4 月 27 日),上海市档案馆,档号:A38-1-394-2。

⑥ 《上海市支援内地建设工作领导小组办公室关于上海市工厂企业搬迁工作的情况报告》(1966 年 4 月 27 日),上海市档案馆,档号:A38-1-394-2。

⑦ 中国社会科学院、中央档案馆编:《1958—1965 中华人民共和国经济档案资料选编·固定资产投资与建筑业卷》,中国财政经济出版社 2011 年版,第 499 页。

的内迁"必须以毛泽东思想挂帅……把政治思想工作做到各种人中去"，而"做好人的政治思想工作是做好搬迁工作的根本保证"。① 上海市要求工厂和基层干部做到"建厂先建人"，并强调内迁必须建立在"人的思想革命化的基础上"。②

在随后的动员当中，内迁被不断赋予新的更高的革命价值和政治含义。内迁在宣传中被称为"是贯彻毛主席'备战、备荒、为人民'的最高指示"，③"对缩小三大差别有着重大意义"，④"是为了支援世界革命，是为了彻底埋葬帝、修、反"。⑤通过政治宣传，"使广大革命职工树立起支内建设的光荣感和责任感"。⑥ "文革"开始之后，内迁又被赋予了"文化大革命"的政治意义。第一轻工业部在1966年10月向内迁工厂职工发出号召称："支援三线建设……乘当前无产阶级文化大革命运动的东风"，教育职工和家属应积极服从国家需要，听从调动，愉快内迁。⑦

除了正面的号召外，思想动员还给那些不愿意配合的职工施加压力。通过"以阶级斗争为纲，以革命大批判为武器"，⑧"狠抓两条路线斗争教育"的方式，⑨抵消职工对实际利益的个人盘算。上海良工阀门厂在动员工作总结中称："思想教育……使每个职工都受到一次深刻的阶级教育和识大体、顾大局的爱国主义教育，使支援内地成为群众自觉的要求。"⑩在类似的政治动员当中，工人们不得不在国家要求和个体利益之间进行权衡。动员的压力并不仅仅针对工人，有时也指向那些对迁厂不太热心的基层工厂领导们。一机部在西北会议上表示，少支援一个人就是"反党"，微型电机厂党委副书记王震中听后，担心被人戴上本位主义的帽子，因此，在支内职工的安排上任由上级安排，不敢有异议。⑪ 上海工

<hr>

① 《1958—1965中华人民共和国经济档案资料选编·固定资产投资与建筑业卷》，第503页。
② 《关于支援内地建设的职工动员工作中若干具体政策的试行草案（内部掌握）》（1969年9月18日），上海市档案馆，档号：B109-4-62-5。
③ 《第一轻工业部关于搬迁4个单位去陕西的通知》（1966年10月8日），上海市档案馆，档号：A38-1-347-46。
④ 《上海市后方基地管理局基建组关于后方小三线建设搬迁工作中若干问题请示报告》（1966年7月22日），上海市档案馆，档号：B67-2-26。
⑤ 《关于加强支援内地建设的几点意见的通知》（1970年6月1日），上海市档案馆：档号：B154-6-116-29。
⑥ 《关于加强支援内地建设的几点意见的通知》（1970年6月1日），上海市档案馆：档号：B154-6-116-29。
⑦ 《第一轻工业部关于搬迁4个单位去陕西的通知》（1966年10月8日），上海市档案馆，档号：A38-1-347-46。
⑧ 《关于加强支援内地建设的几点意见的通知》（1970年6月1日），上海市档案馆：档号：B154-6-116-29。
⑨ 《筹建上海后方印刷厂初步规划》，上海市档案馆，档号：B246-1-342-1。
⑩ 《上海良工阀门厂市委四清工作队关于坚持思想第一、放手发动群众、良工阀门厂支援自贡阀门厂思想政治工作几点做法的材料》（1965年），上海市档案馆，档号：A38-1-345-52。
⑪ 《关于迁建工作会议情况简报（一）》（1965年9月11日），上海市档案馆，档号：A38-1-345-130。

程机械厂对内迁提出不同看法,结果"被扣了很多帽子,说支援内地不积极、本位主义等"。①

思想政治动员的效果是显著的。"在经过厂的领导从上到下,从党内到党外层层做思想工作……百分之九十八的群众都还是响应了党的号召而奔赴内地参加建设。"②电器研究所所长崔镇华表示在迁建过程中,那些不愿意去的,后来(通过)突出政治,提高了认识,大多数人都愉快地去了。③ 上海九〇一厂的"工厂领导干部挨门逐户地做了家属工作,使90%以上家属愉快地欢送亲人支援内地建设"。④

尽管如此,不同人群之间对内迁的态度仍是复杂的。中年职工牵挂家庭,老年职工担心客死他乡,女职工则多舍不得孩子,对于资本家、小业主、四类分子,因为头上有顶"帽子",不敢公开表示不去。⑤ 对于有些人来说,这是一次政治上有所表现的机会,此外亦有诸如工作调动等各种考虑,不一而足。原皖南基地八五钢厂副厂长许汝钟在决定去皖南时,一方面是为了国家建设的需要,另一方面也是为了变换当时不如意的工作环境,但有个3岁小孩又让他心有不舍,在面对国家的号召和动员时,各种因素都交织在一起了。⑥ 应该说,在响应国家的号召和动员时,每个人内心的考量都是不同的。

从人口迁移的角度来看,在经过思想政治动员后,职工内迁的主要推力已经形成,但上海与皖南山区之间巨大的经济落差仍是无法忽视的阻力,因此,尽可能地消除经济上的阻碍对于内迁必不可少。为此,国家经委确立了内迁职工工资"就高不就低"的原则,保证从一线迁往三线职工的工资标准不下降。对于粮食定量问题,1965年9月4日召开的全国迁建工作会议上规定"职工粮食定量标准,暂时执行就高不就低的原则",期限是一年半。⑦ 以此保证内迁工人在工资和口粮方面不受影响。另外,针对家庭牵挂问题,国家经委也规定,搬迁工厂的职工,最好能携带家属,如果暂时不能携带,也应争取迅速创造条件,在最短时

---

① 《关于迁建工作会议情况简报(三)》(1965年9月12日),上海市档案馆,档号:A38-1-345-139。

② 《关于迁厂动员工作中各类职工思想特点的分析报告》(1965年2月26日),上海市档案馆,档号:A38-1-343-63。

③ 《关于迁建工作会议情况简报(二)》(1965年9月12日),上海市档案馆,档号:A38-1-345-135。

④ 《1958—1965中华人民共和国经济档案资料选编·固定资产投资与建筑业卷》,第502页。

⑤ 《关于迁厂动员工作中各类职工思想特点的分析报告(绝密)》(1965年2月26日),上海市档案馆,档号:A38-1-343-63。

⑥ 许汝钟口述,徐有威主编:《口述上海——小三线建设》,第332页。

⑦ 《关于解决上海迁入徽州地区企事业单位户口粮食的几点意见》,上海市档案馆,档号:B67-2-73。

间内搬去。留下的职工家属原来享受的医疗等福利待遇，一律不变。①

在实际动员过程中，基层干部为了完成动员指标，往往对小三线地区的生产生活困难有意掩饰，"艰苦方面讲得少，好的方面讲得多"，并开出一些不切实际的条件和许诺。② 这种做法为职工在小三线的安置埋下了隐患。大中华橡胶一厂在动员时许诺，到内地每户可以发到大米、煤、木柴各 100 斤，结果到了后什么也没有，工人意见很大。上海某厂党委副书记王新民到三线慰问时，被一位女工拉住大衣质问："你说××不冷，你怎么还穿大衣？"③基层干部的这些做法引起了上海市委高层的警觉。上海市委在 1966 年的一份文件中要求基层干部"介绍内地情况要实事求是……必须避免不切实际的宣传和许愿、不计后果的做法"。④不过，市委的文件收效甚微。对于基层干部而言，完成上级分配下来的动员指标是首要的，如实宣传内地的艰苦条件，则无疑是增加动员工作难度，对完成指标不利。因此，有意掩饰内地困难、进行不实宣传在基层的动员过程中不可避免地存在。

尽管小三线移民具有自己的特殊性，但现代人口迁移模型在小三线移民的动员和迁出方面仍可提供有益的借鉴。在经典的推拉理论模型中，移民的成行是对各种推动因素和限制因素综合权衡的结果，其中主要考虑社会经济因素的作用。而小三线移民中，社会经济因素依然是基本影响因素，但更显著的是政治因素的加入。从沿海城市迁到内地山区，对于大多数的工人及家属来说，意味着实实在在的生活困难——物资短缺、生活困难、夫妻分居、父母子女无人照料等。在当时业已形成的城乡二元社会结构中，迁往内地无疑是个人在社会分层上的一次倒退。因而在动员工作的开始，大多遇到了工人们以及部分工厂领导层的抵触。尽管这不会影响到工厂内迁的既定事实，但仍构成了迁厂的障碍。这时政治动员就成了消弭不满情绪的有力工具。在动员过程中，不断拔高三线建设的重要战略价值，赋予内迁以崇高的政治意义，增加动员压力，使得工人、家属以及干部将三线内迁内化为自觉的行动，这就构成了职工内迁的主要推力。而内地和沿海城市巨大的经济落差、福利待遇等现实利益以及家庭关系受损则是内迁的障碍。为了保证内迁工作顺利进行，就必须在国家需要和个人利益之间进行有限度的调和，对内迁工人在经济上进行适度的补偿。可以说，增加政治因素的推力，减少经济上的阻力是说服工人内迁的最合理选择。实际上，小三线

---

① 《1958—1965 中华人民共和国经济档案资料选编·固定资产投资与建筑业卷》，第 497 页。
②③④ 《中共上海市委关于转发支援内地建设工作领导小组办公室〈关于访问内迁企业的情况简报〉的通知》(1966 年 4 月 8 日)，上海市档案馆，档号：A38－1－353－45。

移民的动员过程,尤其是基层干部的动员工作正是按照这"一增一减"的方式进行的。

二、进山

上海小三线移民的一个突出特征是其组织的严密性。1968 年,上海市规定:"上海后方企业一律不得自行从所在地招收人员以及从其他地区调入人员。凡需从当地招收人员的,应经主管局革委会审查同意后,送市劳动局革委会审查。"①这意味着小三线的职工主要是来自上海市的计划调配。而职工和家属在进入小三线后,即纳入工厂管理体系中,若要调回上海工作或者通过上大学、征兵等离开小三线,亦需要劳动部门的批准。小三线移民这种组织严密的特征,使得我们可以通过职工人数的变化来精确还原小三线移民的全过程。

职工的迁入与三线厂的迁建是同步进行的。第一批 15 个迁建单位工程从 1966 年 3 月陆续开工建设。②1966 年春至 1969 年冬,上海先后在安徽皖南旌德白地、孙村、蔡家桥、桥埠和旌阳建成或开工建设井冈山机械厂、东风机械厂等 12 个小三线企业以及 3 个配套服务性单位,并在旌阳设立了上海市后方仪表电讯工业公司。伴随着小三线厂的迁建,上海职工随之迁入,到 1969 年年底,小三线在旌德县内的职工人数已达 9 000 余人。③其中包括 1968 年直接分配到皖南小三线的大专、中专、技校毕业生和学徒共计 1 400 余人,其中,大专毕业生 190 人,中专毕业生 290 人,学徒 910 人。④上海小三线企业在 1970 年之前是不允许从当地或者外地招收职工的,因而这一阶段绝大多数的职工是直接来自上海的行政调配。

"珍宝岛事件"发生后,中苏之间战争危机加剧,并直接刺激了 1969—1971 年间三线建设出现一个新高潮,上海小三线也不例外。1969 年,上海小三线实际完成基本建设投资 5 200 万元,土建面积 18 万平方米,相当于前 3 年工作量

---

① 《关于后方建设劳动工资等方面问题的报告》(1968 年 6 月 27 日),上海市档案馆,档号: B246 - 1 -190 - 62。

② 《关于后方建设搬迁工作中若干问题请示报告》(1966 年 7 月 22 日),上海市档案馆,档号: B67 - 2 - 26。

③ 旌德县地方志编纂委员会:《旌德县志(1978—2003)》,黄山书社 2008 年版,第 315 页。

④ 《关于六八年分配去上海小三线工作的大专、中专、技校毕业生和新招收学徒工资待遇、生活津贴按当地标准执行的报告》(1969 年 9 月 27 日),上海市档案馆,档号: B246 - 1 - 211 - 61。

的总和。① 而1970年为了抢建以五七高炮为重点的项目，②投资大幅度增加到1亿2712万元，竣工土建面积39万平方米，相当于前面4年的总和。建成投产的工厂数大幅度增加，1969年基本投产的工厂是7个，到1970年增加到21个，生产品种从1969年的26个增加到1970年的78个。1971年继续投资1亿零86万元，土建面积20万平方米。③ 上海小三线的军工厂主要是在这个时期完成的。④ 到了1972年，基本建设投资开始回落，下降为8588.9万元。1972年的投资主要用于扫尾、扩建和补缺，诸如修建仓库、宿舍、供水设备、冷库、粮库、中学、医务室等配套设施，只有少数如金星化工厂、红星化工厂、卫星化工厂、胜利水泥厂等是续建或扩建，而其他基本上已经建设完成。⑤ 1973年的基建投资进一步下降到5425.2万元。⑥ 显示上海小三线的建设高潮过去，主体工程建设已大体完成。

由于小三线厂建设征用部分耕地，招收征地农民进厂的要求随着工厂完工而逐渐强烈。截至1970年，三线厂在皖南共计征地4093亩，在浙江昌化征地187亩，主要集中在绩溪、旌德、宁国三县。皖南地区地少人多，一般人均土地1亩左右，征地之后劳动力过剩矛盾更加突出。⑦ 由于在工厂兴建之初，征地农民尚可以到工地打短工，获取工资，征地对农民的生计影响不大，但是工程结束后，生计问题即刻凸显，因而迫切要求工厂招工。小三线企业在这种情况下，开始陆续吸收了一批征地农民进厂。⑧ 在这前后几年中，征地农民成为小三线职工的来源之一，如1972年仪表电讯公司新增固定职工882人，其中，征地工244人，占新增职工总数的27.78%。⑨ 对这一时期移民规模的估计，需从新增职工人数中扣除那些来自当地的征地工人数。由于缺少1972年小三线全体职工人数，而

① 《关于上海小三线1970年基本建设计划的请示》(1970年4月29日)，上海市档案馆，档号：B246-1-342-248。
② 《关于上海小三线1970年基本建设计划的通知》(1970年6月9日)，上海市档案馆，档号：B103-4-228-106。
③ 《关于安排上海小三线一九七一年基本建设计划的请示》(1971年4月22日)，上海市档案馆，档号：B246-1-406-1。
④ 《后方小三线1971年常规兵器工业基本情况统计表》(1971年)，上海市档案馆，档号：B67-1-9。
⑤ 《关于下达1972年小三线基建计划的通知》(1972年7月24日)，上海市档案馆，档号：B66-1-11-55。
⑥ 《关于下达1973年小三线基建计划(明细项目)的通知》(1973年7月16日)，上海市档案馆，档号：B66-1-21-66。
⑦ 《上海市劳动局革委会关于皖南后方企业吸收一部分征地农民的请示报告》(1970年10月17日)，上海市档案馆，档号：B127-3-119-18。
⑧ 《上海市劳动局关于"八一二"指挥部需要安排征地农民的情况调查》(1970年11月10日)，上海市档案馆，档号：B127-3-119-30。
⑨ 《八一二指挥部第四工区填报的1972年固定职工人数增减变动情况表》(1972年9月1日)，上海市档案馆，档号：B70-1-33-1。

只有仪电公司下属的 20 个工厂的职工数据,因此,此处以仪电公司的数据进行估算。仪电公司从 1974—1983 年历年职工人数占小三线全体职工人数的比重大致稳定保持在 21%—23%,而 1972 年仪电公司职工人数为 8 703 人,新增固定职工 882 人,如按照 22% 计算,那么 1972 年小三线全体职工大致为 39 559 人,新增职工 4 009 人。在这些新增职工当中,如果按照 27.78% 的征地工计算,即有 1 114 名征地工。这个数据与 1970 年档案中直接记载的招收征地工 1 000 余人的规模大体相当,①因而 1972 年征地工人数的估计是比较可靠的。由此推算,1972 年从上海净迁入皖南小三线的移民人数约 3 000 人。

征地工基本上集中在 1970—1973 年招收完毕。小三线厂的基建大体停止后,也就无需再大规模征地。此后,从农村招工进厂的人数锐减。例如,后方基地轻工局 1974 年新增固定职工 950 人,其中,933 人是从上海的固定职工调入,9 人是统一分配的技校、卫校、师范学校毕业生。②此时新增职工的来源中,已经基本不见征地工的身影了。上海市与皖南小三线之间的人口迁移,重新回到最初的封闭状态,即人口迁移以上海迁往皖南小三线为主,皖南小三线回流上海为辅,而与外界的人员交换很少。

由于小三线的职工内迁是与三线厂的迁建结合在一起的,所以以 1970 年代初期的建设高潮过后,由于没有大规模新建工厂,职工人数的增加也趋于平稳。在 1970 年代中后期,皖南小三线规模最大、最集中的一批移民进入,是 1975 年年底上海分配 1 万余名无去向代训艺徒。

当时,上海市劳动部门正在为如何安排外地的代训艺徒而感到棘手。1971—1973 年 3 年内,上海为外地代训的学徒共计 4.3 万人,其中大部分陆续回到外地。但是到 1975 年 11 月,仍有 1.25 万名的代训艺徒外省市不愿意接收。尽管上海市曾就此与外省市和国家计委劳动局多次协商,但由于各省市都在开展青年上山下乡,加之劳动指标控制比较紧,外省市仍不肯接收。麻烦不仅于此,代训学徒在进上海培训之初,便明确未来安置回外地,如果此时安排到上海的工厂,则容易引起已去外地的代训学徒及其家长的思想波动。因而如何安置代训艺徒显得进退两难。而与此同时,正好皖南小三线向上海市劳动局提出增加劳动力的要求。由于 1975 年年初开始小三线的生产指标被大幅度提高,如遵义厂原设计每年生产单路载波机 350 台,但在 1975 年被要求生产 3 500 台;

---

① 《上海市劳动局关于"八一二"指挥部需要安排征地农民的情况调查》(1970 年 11 月 10 日),上海市档案馆,档号:B127 - 3 - 119 - 30。
② 《上海市后方基地管理局 1974 年至 1976 年劳动工资年报表》(1974—1976 年),上海市档案馆,档号:B67 - 1 - 52。

东方红厂原规划生产固体电路 5 万,此时被要求生产 50 万;为民厂原规划生产磁性材料 50 万,此时被要求生产 800 万等。为此,后方基地便向市劳动局要求增加劳动力,调拨 1 500 人进后方,9 月份又进一步要求调拨 2 000 人。① 小三线增加劳动力的需求正好与当时无法安置代训艺徒的问题碰到一起,于是上海市便决定将这 12 500 名代训学徒分配到后方小三线和 4 个原料基地工作。②

在此影响下,小三线职工人数在 1975 年暴涨,从 1974 年的 41 577 人增加到 1975 年的 58 146 人和 1976 年的 60 810 人。后方轻工公司 1975 年新增加固定职工 2 020 人中,1 415 人是代训艺徒;机电公司是年新增固定职工 921 人,其中代训艺徒 582 人。③ 代训艺徒基本上在 1975—1976 年集中安置完毕。到 1977 年,整个皖南小三线安置代训艺徒 1 753 人,而到 1980 年安置的代训艺徒仅有 50 人。④ 虽然最初计划按照代训艺徒 1 万人,但到 1981 年,共在小三线安置了 17 200 余名艺徒。⑤

代训艺徒的集中到来,给上海皖南小三线形成了严重的冲击。小三线一时间无法吸收这些青年艺徒,职工总数的迅速增加,直接导致 1976 年的人均劳动生产率下降了 12%,而作为代训艺徒主要接受单位的轻工公司和机电公司,其受到的影响更为明显,轻工公司人均劳动生产率下降了 27%,机电公司下降了 25%。⑥ 另外,代训艺徒在工种上并不能满足小三线企业的需求。后方仪表电讯工业公司对分配下来的 2 700 人进行摸底发现,有些工种大量过剩,尤其是车工、钳工、电焊工、无线电修理等均过剩,而对于后方有需要的炊事员、司机、漆工、泥木工、电镀、钣金、线切割等工种却缺口很大,造成安置困难。⑦ 此外,由于代训艺徒绝大多数是男性未婚青年,他们的集中到来使得小三线的男女比例失衡问题更加突出,加剧了小三线的婚配困难。⑧

① 《上海市后方仪表电讯工业公司申请劳动力及职工子女安排问题报告》(1975 年),上海市档案馆,档号：B70 - 2 - 82。
② 《关于动员 12 500 名代训学徒去后方小三线和原料基地工作的请示》(1975 年 9 月 23 日),上海市档案馆,档号：B127 - 3 - 170 - 19。
③ 《上海市后方基地管理局 1974 年至 1976 年劳动工资年报表》(1974—1976 年),上海市档案馆,档号：B67 - 1 - 52。
④ 《上海市后方基地管理局 1979 年劳动工资年报表》(1979 年),上海市档案馆,档号：B67 - 1 - 114。
⑤ 《上海小三线情况汇报提纲》(1981 年 7 月 11 日),上海市档案馆,档号：B1 - 9 - 405。
⑥ 《上海市后方基地管理局 1974 年至 1976 年劳动工资年报表》(1974—1976 年),上海市档案馆,档号：B67 - 1 - 52。
⑦ 《关于招收无去向代训艺徒工作小结》(1975 年),上海市档案馆,档号：B70 - 2 - 83。
⑧ 《上海市政府办公厅关于解决上海在皖南小三线部分未婚青年职工的婚姻问题的意见》(1980 年 6 月 20 日),上海市档案馆,档号：B1 - 9 - 257 - 13。

在 1970 年代初期建设和工人进驻基本完成后,大规模的人口流动便基本停止。除了 1975 年大规模的代训学徒进入外,在 1970 年代中后期至 1980 年代,上海对小三线的人口输出的规模并不大,而从小三线回流上海的职工人数也不多。从 1970 年代小三线各个工厂的职工人数变动可以清晰地反映出这个特征。小三线职工总数在 1976 年达到 6 万人的峰值(职工 60 607 人,家属 15 901 人,合计 76 508 人)①。此后则逐渐减少,在 1970 年代末 1980 年代初,维持在 5.6 万人上下小幅度波动,工厂职工基本稳定,既没有大规模的职工迁入,也没有大规模的职工迁出。人口流动的停滞造成的后果之一,是随着职工年岁的增长,企业技术力量和生产骨干出现断层。到 1980 年代初,小三线干部和工程技术人员普遍超过 50 岁,而一线的生产工人绝大多数超过 28 岁,炼钢炉前工、电子仪表精细加工、机床剃刮工甚至处于无人接替的状况。②

时至 1981 年,上海皖南小三线共有职工 56 240 余人,其中从上海去的约 47 400 余人,占 84%,包括由上海老厂动员去的职工 16 600 余人,大专、中专、卫校和“六八届”“六九届”技校统一分配的约 8 500 余人,1975—1976 年安排的无去向代训艺徒等约 17 200 余人,高初中毕业生分配的约 2 800 余人,其他本市调入约 2 300 余人。③ 其次是外地调入人口 8 840 人,占 16%,包括为解决上海职工夫妻分居问题调入小三线的 2 300 人,从外省市回收支农工和退休顶替的 3 100 人,因小三线建设需要调入技术管理骨干及落实政策安排等 900 人,其中,夫妇双方均为外地的 840 人,当地征地工及其家属约 1 700 人。④

三、安置

尽管三线建设强调“先生产,后生活”,但数万人进山后,安置工作仍是首先需要解决的问题,而住房又是最为基本的问题之一。小三线厂按照“靠山、分散、进洞”的原则,选址布局多在隐蔽的山区密林间,缺乏必要的生活设施。为了优先保证生产建设,职工住房建设被置于相对次要的位置。按照“节俭办工厂”和生活用房节俭的原则,职工住房多就地取材,以仿照皖南当地农村的“干打垒”或者砼木结构的住房为主。相对于城里的楼房,农村“干打垒”便显得十分简陋。

① 《上海市后方基地管理局后方职工和家属人数年度统计表》(1976 年 12 月 22 日),上海市档案馆,档号:B67-2-282。
② 《中共上海市工业党委、经委、国防科工办对上海小三线调整的请示、报告》(1984 年 7 月 1 日),上海市档案馆,档号:B246-4-787。
③ 《上海小三线情况汇报提纲》(1981 年 7 月 11 日),上海市档案馆,档号:B1-9-405。
④ 《关于上海小三线调整中人员安置意见的请示的说明(未刊稿)》(1986 年 5 月 6 日)。

房屋多为平房，按定制，地面一般做10厘米灰土地面或原土夯实，铺上5厘米的卵石。墙体则为全空斗墙，内墙刷柴泥，外墙做纸筋面层或清水墙。木门、木地板、木楼梯等刷桐油。多数房屋不做地基，只用原土夯实，因而房屋并不牢靠。即便如此，为了尽可能减少非生产性支出，各厂在建造职工宿舍时，仍以单身宿舍为主，按全厂人数85％计算建造，每人3.5—4平方米，而家属宿舍则按全厂人数的15％计算建造。① 这种以单身宿舍为主的住房结构，在很大程度上抑制了职工家属的随迁。而在有限的家属宿舍中，又以中小户型为主（小户为一间卧室，两户合用厨房，建筑面积22.0平方米；中户为大小各一间，厨房合用或独用，建筑面积33.0平方米；大户为二间卧室，并有厨房，建筑面积44.0平方米），大、中、小户的比例，一般按小户45％，中户40％，大户15％。② 因此，小三线在住房问题上具有明显的政策导向性，尽管官方意识到家属随迁对于职工扎根山区的重要性，也曾在不同场合要求尽可能地创造条件让家属随迁，但是在职工住房的建造和安排上，却背道而驰，严重制约了家属的内迁。上海市政府对此曾表示宜"采取分期分批的办法逐步解决"③，然而这个问题并没有得到很好的解决，整个二十世纪七八十年代，小三线的家属人数比例始终未超过20％。家属宿舍的短缺后来逐渐演变成小三线安置中一个突出的矛盾，后方基地管理局在给上海市的一份报告中称："有的已结婚仍住男女集体宿舍，如火炬厂在国防工业大检查中发现一间妈妈宿舍中住三位已结婚的带孩子的女同志，晚上三顶帐子实际上住有三户人家，影响很不好。"而即便是这样的集体宿舍也十分紧张，有些职工不得不住在厂的活动室、招待所、办公室、仓库等房之内，甚至住在单位的理发室、豆腐坊等。④

　　住房条件的限制不仅影响到已婚职工的家属内迁，也影响到了青年职工的婚姻问题。随着年岁的增长，青年职工结婚的要求越发强烈，但是家属宿舍的短缺却是一道难题。后方基地提交的一份报告中称："家属宿舍的建设仅1974年、1975年安排过二千户，1976年、1977年均未安排。目前（指1978年）已结婚没有住房的达九百多户，今年要结婚的近一千三百户，除了已在建设的家属宿舍解

　　① 《上海市革命委员会工业组关于生活用房建筑标准的批复》（1967年12月21日），上海市档案馆，档号：B246-1-106-22。
　　② 《八一二指挥部关于调整后方工厂生活用房建筑标准的通知》（1970年2月28日），上海市档案馆，档号：B154-6-116-26。
　　③ 《关于后方小三线建设搬迁工作中若干问题请示报告》（1966年7月22日），上海市档案馆，档号：B67-2-26。
　　④ 《关于后方小三线体制和急需解决几个问题向市委请示报告，附件二之四关于职工生活用房问题的情况和意见》（1978年8月1日），上海市档案馆，档号：B67-2-370。

决六百户外,今年到年底结婚无住房的将近一千六百户。"①

青年职工结婚难在 1970 年代前期出现,之后逐渐成为安置工作中一个突出的难题。住房的限制仅仅是一方面的原因,更重要的是小三线厂特定的生产方式和布局结构。小三线厂所需工种以男性为主,造成企业内部男女比例严重失衡。例如,贵池钢厂职工人数 5 000 余人,其中,绝大部分是男工,而女工比例极少。而 1975 年上海市将 1 万余名代训艺徒集中安置到后方基地,造成小三线的男女比例严重失衡,进一步加剧了小三线的婚姻困难。② 加之后方工厂地处偏僻山沟,对外联系困难,青年职工难觅对象。据统计,到 1980 年整个上海皖南小三线共有未婚男青年 13 072 人,③其中,30 周岁以上未婚的男青年 1 015 人。④婚姻问题无法解决,使得"未婚职工长期不能安心三线建设,因而向中央、市和有关部门反映情况的来信、来访日益增多,要求调沪工作的也越来越多"。⑤

然而,婚姻问题在 1970 年代并未引起上海市政府的重视。早在 1973 年,贵池钢厂曾就 1 000 余名青年恋爱、婚姻困难突出的问题向上海市有关部门请求解决,⑥但并无下文。婚姻问题逐渐成为小三线职工无法安心扎根皖南的原因之一。直到 1980 年代初,小三线面临军工订单大幅度下降和"军转民"的严峻形势,作为使小三线职工安心扎根皖南的补救性措施之一,上海市才开始着手修补小三线职工的婚姻问题。1980 年 6 月 20 日,上海市国防办出台《关于解决上海在皖南小三线部分未婚青年职工的婚姻问题的意见》,提出解决方案:(一)劳动局每年下达给后方招工指标;(二)从市属农场招收未婚女青年为正式职工进小三线;(三)小三线职工自找对象后可到三线厂落户、工作;(四)从市区街道里弄找对象,办理结婚登记手续后,如愿意将户口迁入三线厂,可吸收为正式职工;(五)35 岁以上仍找不到对象的可找农村姑娘,婚后转吃商品粮,并吸收为三线生活福利集体事业职工。⑦ 此后,小三线厂纷纷开始扮演"红娘"角色,积极为厂

① 《关于后方小三线体制和急需解决几个问题向市委请示报告,附件二之四关于职工生活用房问题的情况和意见》(1978 年 8 月 1 日),上海市档案馆,档号:B67-2-370。

② 《上海市政府办公厅关于解决上海在皖南小三线部分未婚青年职工的婚姻问题的意见》(1980 年 6 月 20 日),上海市档案馆,档号:B1-9-257-13。

③ 《上海市政府办公厅关于解决上海小三线未婚青年职工婚姻问题的意见和本局贯彻意见及情况汇报》(1980 年 7 月 9 日),上海市档案馆,档号:B67-2-595。

④ 《上海市劳动局关于小三线男青年婚姻问题修改意见》(1980 年 6 月 25 日),上海市档案馆,档号:B1-9-257。

⑤ 《关于后方小三线体制和急需解决几个问题向市委请示报告,附件二之十九关于后方 30 岁以上职工的婚姻问题》(1978 年 8 月 1 日),上海市档案馆,档号:B67-2-370。

⑥ 厂文档 73-13 卷-17 号-1《关于解决本厂大批男青年对象问题的报告》,上海八五钢厂编:《上海八五钢厂大事记》(未刊稿),1987 年,第 47 页。

⑦ 厂文档 82-13 卷-101 号,上海八五钢厂编:《上海八五钢厂大事记》(未刊稿),第 144 页。

青年职工寻觅对象。1981年11月，上海后方基地管理局团委成立了24个婚姻介绍所，并在上海《青年报》等报刊上刊登招收女职工启事。[1] 据称，上海小三线先后有3 000名青工在这前后解决了婚姻问题。[2]

上海皖南小三线职工日常生活所需的粮食、副食品、日用品等主要由上海供应。其中，粮油指标是从上海转拨到安徽，再由安徽省粮食厅下拨到基层。[3] 而自1970年6月起，对肥皂、香烟、食糖、胶鞋、牙刷、牙膏、面盆等30种商品，由上海商业部门采取临时供应的办法。[4] 除了当地的商业网点外，各个厂都设有自己的小卖部，日常生活用品通过小卖部自行销售。蔬菜供应相对困难，主要从当地县城购买，或者通过搞"五七生产"，由工厂自行开荒种地，补充蔬菜等副食品，据不完全统计，到1978年年底，上海小三线共开垦荒地3 000多亩，收获各种蔬菜1 733万斤，养猪2万余头，在一定程度上缓解副食品供应困难。[5] 此外，小三线职工也在闲暇时间捕捉鱼虾、螃蟹、田鸡、黄鳝等，或者私下向当地农民购买鸡蛋、山核桃等土产，作为副食品的补充。[6]

前文已述，为了减少动员阻力，中央曾于1965年规定内迁职工的粮食定量标准"就高不就低"，为期是半年到一年。[7] 这一政策在后续的执行过程中逐步被调整为"向当地看齐"。1969年11月10日，安徽省在《关于上海市在我省进行三线建设人员口粮供应问题的通知》中规定："凡上海市三线厂的职工及其家属的粮油关系转入我省的，其粮油供应标准，职工暂按原上海定量，食油一律按我省当地标准供应。"[8]职工的粮食标准虽然维持不变，但食用油的供应标准已向安徽看齐，而三班制生产的工人的夜餐粮补助，也是按安徽省的标准执行。副食品供应方面，1974年上海市"革委会"财贸组要求："上海小三线的副食品供

① 曹晓波：《满腔热情做红娘皖南迎来好姑娘——后方基地成立二十四个婚姻介绍所》，1982年2月1日《新民晚报》；《为本系统男青年寻找对象，后方和基地团委成立婚姻介绍所》，1980年11月14日《青年报》。

② 史志定：《后方基地三千青工喜结良缘》，1983年2月25日《劳动报》。

③ 《关于上海市在我省进行三线建设人员口粮供应问题的通知》(1969年11月10日)，上海市档案馆，档号：B135-4-178-26。

④ 《上海市革命委员会财贸组关于615所、573厂、大屯煤矿、金山石化总厂、上海小三线、上海后方基地等商品价格、供应问题的请示及中共上海市委批复》(1974年11月21日)，上海市档案馆，档号：B248-2-683。

⑤ 上海市后方基地管理局党史编写组：《上海小三线党史》(未刊稿)，1988年4月，第53页。

⑥ 采访蒋美珍，时间：2014年6月10日，地点：上海峨山路蒋美珍办公室，蒋时任上海后方基地长江医院司机。

⑦ 《关于解决上海迁入徽州地区企事业单位户口粮食的几点意见》(1968年12月29日)，上海市档案馆，档号：B67-2-73。

⑧ 《关于上海市在我省进行三线建设人员口粮供应问题的通知》(1969年11月10日)，上海市档案馆，档号：B135-4-178-26。

应,原则上应按当地标准供应。"日用品方面,尽管上海市要求:"凡上海货源有可能,尽量挤一部分给以支持……但与上海市场相比,还有一定差距。"①1975年,上海市提出"后方基地供应标准,原则上应向当地看齐",在粮油、日用品、副食品等全面降低供应水平。② 这让小三线职工普遍觉得"吃亏"。到1980年代初,上海市准备对小三线存在的问题进行调整时发现,工人们对物质供应水平的降低积怨已久。"群众意见比较大的是生活标准上'就低不就高',工资标准安徽低于上海,照安徽的;粮食定量上海低于安徽,照上海的;布票安徽不发专用券,照安徽的;等等,这些看来是小问题,但关系职工切身利益,使三线职工感到吃亏了。"③

此外,为了满足小三线职工子女教育需要,后方陆续成立了9所中学、39所小学,教职员工和学生共6 000余人,但是限于师资力量和资源有限,教育质量堪忧。④ 在医疗卫生方面,小三线从1970年起先后设立了4家综合性医院(瑞金医院、古田医院、长江医院、天山医院),同时,每个工厂设立医务室。对于一些服务性的行业如理发、修补等,则通过组织职工家属自力更生解决。⑤ 每星期有一到两场的电影,是主要的文娱活动。

在空间布局高度分散且封闭的条件下,小三线厂不仅是一个生产性单位,也是一个社会保障机构,不仅承担了职工住房、婚姻等问题,还承接了教育、医疗、食品、生活物质供应等各方面的社会福利保障职责。由于小三线厂车间散布在群山之间,厂与厂之间、车间与车间之间的交通联系不便,因此,各个厂就形成了"小而全"的后勤保障体系。贵池的八五钢厂在厂区附近建有西华、大冲、28K、八五新村4个家居区,除了81 494平方米的住宅外,还有食堂、菜场、小卖部、理发室、托儿所等生活设施和小学、技校、幼儿园、卫生保健总站等教育卫生设施,形成了一个无所不包的"小社会"。⑥

作为外来移民的小三线职工们在安置过程中离不开当地公社和农民的支

① 《上海市革命委员会财贸组关于615所、573厂、大屯煤矿、金山石化总厂、上海小三线、上海后方基地等商品价格、供应问题的请示及中共上海市委批复》(1974年11月21日),上海市档案馆,档号:B248-2-683。
② 《上海市革命委员会办公室关于后方基地商品供应问题的意见》(1975年6月4日),上海市档案馆,档号:B109-4-459-82。
③ 《中共上海市国防工业委员会办公室关于召开小三线上海市人民代表座谈会的会议纪要》(1982年4月5日),上海市档案馆,档号:B1-9-837-10。
④ 《上海市后方基地管理局办公室基地党委关于后方小三线体制和急需解决几个问题向市委请示报告》(1978年6月),上海市档案馆,档号:B67-2-370。
⑤ 《上海市革命委员会财贸组关于商品供应措施和"小三线"职工供应等问题的请示、通知及市委的批复》(1971年6月6日),上海市档案馆,档号:B248-2-340。
⑥ 《上海八五钢厂大事记》(未刊稿),第4页。

持。当地农村对小三线的支援是多方面的,皖南地方政府和人民为了支援上海小三线建设,专门划出 9.27 平方千米的土地,其中一部分还是旱涝保收的良田,供小三线单位征用。安徽地方政府还帮助上海小三线管理部分职工和家属的户口,处理一些较为紧迫的或涉及地方的治安事件。[①] 此外,当地农民也曾为小三线职工提供住宿,并协助解决生活中的部分实际困难。[②] 地方政府和当地农民的支持对于小三线职工的安置乃至整个小三线建设曾起到重要作用。

四、回城

1980 年代初,国内外形势发生了明显的变化,战争的阴云已逐渐散去。以备战为使命的三线建设继续推进的必要性大为降低,军需订单随之大幅下降。1980 年,上海小三线的军工生产任务较上年度下降了 44.8％;1981 年再下降 21.2％,总产值从 1980 年的 4.1 亿元继续下降到 3.2 亿元。上海小三线 54 个工厂中处于停建缓建、全停工和半停工状态的约占厂数的 63％,人数的 50％。[③] 1979 年,全后方上交国家利润 6 770 万元,亏损企业 4 户;1980 年上缴利润 3 023 万元,比 1979 年下降了 54％,亏损企业增至 10 户;1981 年,上缴利润仅 203 万元,又比上年下降了 93.3％,亏损企业扩大到 23 户,约占全部企业的 44.4％。[④] 在此形势下,对小三线进行战略性调整势在必行。国务院国防工办和国家计委、总参、五机部等在 1980 年对华东和华北地区小三线军工厂进行了调查,并于当年 11 月在北京召集各省、市、自治区国防工办的座谈会,着手布置小三线的调整事宜。[⑤] 此后,上海小三线便进入了 1980—1985 年"军转民"时期。需要说明的是,在"军转民"时期,强调的是小三线从军工向民品生产转型,政策意图层面仍然希望巩固和发展上海小三线,而不是解散和放弃小三线,是希望职工扎根皖南,而不是撤回上海。1980 年 11 月,上海市即着手准备调整工作,最先开始调整的是直接生产军品的 17 家军工厂。[⑥] 这 17 家军工厂中,除了九三三七厂和九三八三厂因其生产的新四○火箭筒和新四○火箭弹质量稳定且

① 上海市后方基地管理局党史编写组:《上海小三线党史》,未刊稿,1988 年,第 50 页。
② 洪明来访谈记录(系原龙岗村村支部书记),采访时间:2012 年 5 月 21 日,地点:安徽省东至县香隅镇龙岗村。
③ 《上海小三线情况汇报提纲》(1981 年 7 月 11 日),上海市档案馆,档号:B1-9-405。
④ 《上海小三线党史》(未刊稿),第 60—61 页。
⑤ 《国务院国防工办关于调整各省、市、自治区小三线军工厂的报告》(1981 年 4 月 6 日),上海市档案馆,档号:B1-8-178-26。
⑥ 《上海市人民政府关于上海市小三线军工厂调整的意见》(1980 年 12 月 12 日),上海市档案馆,档号:B1-8-76-155。

军队仍有需求外,其他 15 家军工厂均进行大规模的调整。①

然而,"军转民"并非易事。原本依赖军工订单的小三线在转向市场的过程中遇到了极大的困难。小三线企业"山、散、洞"的地理分布格局极大地增加了生产成本,导致产品在市场上缺乏竞争力。在计划经济体制下,小三线企业的生产原料需从上海运进皖南山区,形成产品后,又必须运回上海进行销售,往返 800 余千米的路程极大增加了运输成本,因此,"军转民是一个难关,转型之后负担更加重了"。② 加之闭塞的山区也造成企业对市场信息不灵敏,销售困难。1983 年,小三线厂的全员劳动生产率为 6 296 元,仅为上海市平均水平的 22%,百元固定资产实现的利税 6.2 元,只有上海市平均水平的 9.1%,企业亏损比例和规模继续扩大。③

形势的变化已使小三线职工的回沪意愿越来越强烈。1979 年 2 月,贵池钢厂少数青工以"68 届半中技 419 联络站"名义,在该厂驻沪办事处门口张贴海报,要求"落实政策""重新分配",安排回沪。④ 而有些青工则私下回沪设摊做生意。⑤ 同时,也陆续出现小三线职工通过私下渠道回上海市区工厂企业就职的现象。对此,市政府发文禁止此类私招三线职工的做法,并要求市区各个单位在处理大、小三线职工要求回沪问题时,"应教育职工安心三线建设,并积极动员其家属调往大、小三线地区团聚,而不是擅自将职工调来本市工作"。⑥ 为了将小三线职工稳定在当地,上海市政府针对小三线存在的诸如婚姻、户口、待遇、医疗、教育等实际问题,出台一系列的政策,例如,自 1980 年起给小三线职工发放每人每月 5 元的"进山津贴"⑦,为小三线招收适当的女工、从市区选派医生和教师支援皖南等。⑧ 然而这种小修小补的措施并不能从根本上解决问题。

沿海城市与内地山区之间的经济落差在很大程度上决定了小三线职工无法

① 《上海市人民政府关于调整本市小三线军工厂的通知》(1981 年 11 月 3 日),上海市档案馆,档号:B1 - 8 - 178 - 26。

② 徐有威主编:《口述上海——小三线建设》,第 147 页。

③ 《中共上海市工业党委、经委、国防科工办对上海小三线调整的请示、报告》(1984 年 7 月 1 日),上海市档案馆,档号:B246 - 4 - 787。

④ 厂文档 79 - 1 卷 - 12 号《后方情况》第 9 期,《上海八五钢厂大事记》(未刊稿),第 106 页。

⑤ 《一个值得注意的动向——后方青年中弃工经商问题严重》(1979 年 12 月 31 日),上海市后方基地管理局党委办公室编:《后方动态》(29 期),上海市档案馆,档号:B67 - 2 - 436。

⑥ 《上海市人事局、上海市劳动局关于支援大小三线建设职工调沪问题的报告》(1980 年 5 月 26 日),上海市档案馆,档号:B127 - 6 - 90。

⑦ 《上海市后方基地管理局关于试行竣工三线进山工作津贴请示和市劳委的批复》(1980 年 9 月),上海市档案馆,档号:B67 - 2 - 599。

⑧ 《余琳、席炳午、张梦莹关于巩固和提高小三线的工作当前需要解决的主要问题的汇报》(1980 年 4 月 19 日),上海市档案馆,档号:B1 - 9 - 194 - 51。

长期扎根山区。1985年7月,时任上海市常务副市长朱宗葆到小三线调查时,听到小三线干部职工们说得最多的一句话是:"我们在皖南工作是献了青春献子孙。我们青春献给祖国也就算了,要我们子女也和父母一样,我们心理不平衡。"①毛德宝当年在上海后方基地管理局从事党委信访工作,每年收到职工来信1000多封,其中最多的就是要求回上海。一方面,山区条件艰苦;另一方面,许多小三线职工的父母小孩都留在上海,老人需要照顾,小孩需要教育,"家庭困难的加剧,大家更想回上海"。②

"军转民"的困境并非上海一家独有,其他省市的小三线同样面临着严重的困难,这使得中央不得不重新思考小三线的未来出路。转折点出现在1984年,这年3月10日,时任国务院的主要领导在视察湖南小三线时,对小三线企业的发展方向、管理体制改革等作了新的指示。此后,上海市开始转变对小三线厂的政策,提出让小三线厂与郊区工业企业实行联合,将小三线厂和职工逐步接纳回上海。③但是,当时上海市政府对小三线职工回城仍十分审慎。在关于小三线调整的市委常务会议上,上海市市长对此表示:"原则是,发展安徽;以联营的名义到郊区,进市区这个口子决不开。"朱宗葆则在皖南调研时表示:"我们来的时候,有先有后,走的时候也要有先有后。"上海后方基地管理局党委书记王昌法称:"不能一哄而上搞回城风。"④为此,上海市制定了"三先三后"的原则,即先企业、后机关,先工人、后干部,先职工、后领导,分期分批地安置职工返回上海市郊,安排职工分期分批地返沪。⑤在此后的三年中,数万小三线职工陆陆续续回到上海,回城过程大体是平稳有序的。

上海轻工系统在安徽"小三线"职工安置情况表　　　　单位:人

职工/工厂		利民	曙光	红星	红光	光明	光辉	燎原	万里	公司	小计
在册职工总数		357	459	744	597	1 518	1 410	1 025	1 365	68	7 543
回沪职工	小计	350	458	721	576	1 454	1 332	978	1 292	68	7 229
	全民	340	447	707	567	1 409	1 306	943	1 247	68	7 034
	集体	10	11	14	9	45	26	35	45	—	195

①　徐有威主编:《口述上海——小三线建设》,第43页。
②　徐有威主编:《口述上海——小三线建设》,第170页。
③　《中共上海市工业党委、经委、国防科工办对上海小三线调整的请示、报告》(1984年7月1日),上海市档案馆,档号:B246-4-787。
④　王德敏(时任上海市常务副市长朱宗葆秘书)《1985年安徽上海小三线调研日记》(未刊稿)。
⑤　《上海小三线党史》(未刊稿),第107页。

续表

职工/工厂		利民	曙光	红星	红光	光明	光辉	燎原	万里	公司	小计
留皖职工	小计	7	1	23	21	64	78	47	73	—	314
	全民	7	1	23	19	61	77	45	71	—	304
	集体	—	—	—	2	3	1	2	2	—	10

资料来源:《上海轻工业志》编纂委员会:《上海轻工业志》,上海社会科学院出版社 1996 年版,第 440 页。燎原厂外调 2 人未统计在内;另有光明厂 2 人劳改留皖。

到了 1988 年,绝大多数的小三线职工都已回沪。上海机电系统在皖南的 11 298 名职工中,96.87% 都按政策回沪。[1] 上海轻工系统在皖南的在册职工中,96.88% 也都回到上海。整个后方基地回沪职工 50 994 人,去外省市 216 人,安置留皖职工 1 469 人。[2] 1989 年年底,小三线返沪干部、职工 52 654 人全部落实了安置单位。上海市为小三线职工安排建造了 100 万平方米的新房,分布在闵行、吴泾、莘庄、泗塘、吴淞、桃浦、浦东、松江、南翔、青浦等 30 个规划地区。同时,前方主管局、联营老厂和后方企业还通过搭建临时过渡房、内部调剂、购买商品房等办法解决了一部分特困户,缓和了住房矛盾。[3] 到 1990 年年底,已有 80% 的职工分到了新房,返沪后的各项调整工作也基本结束。[4]

五、小结

从 1965 年陆续进山,到 1988 年全部撤回,7 万余上海皖南小三线职工和家属经历了从城市到山区又回到城市的流转过程,前后共计 24 年。在最初动员进山时,曾号召职工扎根三线,[5] 并在后续的思想教育和相关政策中不断传递"扎根三线"的理念,[6] 然而,上海小三线职工和家属在皖南落地长达 20 余载,却依然没有在当地生根。

---

[1] 当代上海研究所编:《当代上海大事记》,上海辞书出版社 2007 年版,第 372 页。

[2] 《关于上海在皖南小三线交接工作结束的报告》(1988 年 8 月 20 日),上海市档案馆,档号:B67 - 1 - 316。

[3] 《上海小三线党史》(未刊稿),第 110—111 页。

[4] 《上海市后方基地管理局 1990 年工作回顾和 1991 年工作打算》(1991 年 1 月 10 日),上海市档案馆,档号:B67 - 1 - 313。

[5] 徐有威主编:《口述上海——小三线建设》,第 59 页。

[6] 如贵池钢厂在一份征地报告中称,贵池钢厂职工和家属过万人,请求征用梅街大队 420 亩的毛草山、林山等用于建设"五七农场",自行种植蔬菜,以弥补副食品供应不足的问题,目的是"使广大职工和家属扎根三线"。参见《关于征、拨土地申请书、协议书》(1976 年 2 月 29 日),安徽贵池县档案馆,全宗号 15,卷号 90。

在管理体制上，上海小三线虽然地处皖南，但本质上是上海的一块飞地。后方基地的职工由上海输入、资金由上海提供、工厂的原材料来自上海，产品也重新运回上海，工人们的粮食、蔬菜、香皂、香烟、自行车等日用品都由上海供应，甚至于电影放映都与上海同步。上海专门成立了一个和其他局级单位平行的后方基地管理局，来管理皖南山沟里的那些工厂和单位。虽然皖南的后方基地与上海市相隔400余千米，但仍然是上海的一部分。在性质上，小三线企业仅仅是上海企业在空间上搬迁到皖南而已。加之小三线厂的军工性质，具有高度保密性和封闭性，因而并未融入地方经济体系当中。城乡二元分隔体制造成小三线职工与当地农村人口之间并未发生实质性的融合。小三线的职工和家属属于吃商品粮的城市人口，尽管三线厂地处农村山区，但他们不可能融入皖南的农村体系中去，而当地农民除了少数征地工外，更是无法逾越城乡壁垒进入小三线厂的城市体系。小三线厂的男青年尽管找对象困难，但却极少娶当地女性，正是这种分隔的例证之一。体制上的分隔在无形中给小三线厂包裹了一层隔膜，使得它们几乎与皖南山区完全隔离开来。

依靠行政力量动员的小三线移民，缺乏必要的经济基础，一旦外在的行政动员压力消失，人口迁移便出现反弹。尽管并不能否认部分职工在内迁时是完全自觉自愿的，但同样也不可否认，外在的动员和政治压力是将职工从上海推送到皖南的主要力量。支内行动要求职工们为了国家的战略需要而牺牲了个体的物质利益，这种集体主义的做法在当时是一种被鼓励和赞扬的政治道德。然而政治道德并不能完全取代经济和物质的需求，对移民个人利益的损害，在根本上决定了小三线移民无法持久。"其实，到小三线大家都是不安心的，都想回上海。在那个地方，扎根比较难的，扎不下去。"①鉴于皖南山区与上海在生活、教育、医疗等各方面存在很大的差距，许多小三线的职工选择将妻子儿女留在上海而只身前往小三线。当时这种两地分居的状况相当普遍，因此，尽管许多小三线职工身在内地长达10余年甚至20余年，但其家庭、子女、父母等都在上海，因而根也还在上海。

当1980年代初外在形势发生根本性变化时，小三线职工回沪的意愿便集体宣泄出来。1985年，上海方面着手准备将小三线撤回上海后，后方厂的干部和工人都非常兴奋，他们对担任调整小组副组长的李晓航说："小三线调整是众望所归，没有一个人反对，都赞成，你干了一件大好事。"与1960年代层层动员不同，小三线的职工们为了自己的企业能早点回上海，"大家拼命生产，赚足回上海

① 徐有威主编：《口述上海——小三线建设》，第139页。

重建的钱",这时候"是不用动员的"。①

　　在移民问题研究中,土客互动和矛盾是重要的问题之一。本文着重于从小三线发展演变的角度探讨小三线移民主体从城市进山,再从山区回城的历史过程,以此作为了解小三线发展演变的一个切入点。小三线与当地政府、公社、生产队以及农民之间的互动关系是小三线研究的重要方面。当时城乡之间的体制性分隔不仅造成小三线移民无法扎根当地,也使得小三线职工与当地农民之间的交流和冲突有别于通常移民问题中的外来移民与原住居民之间的互动关系,为此,笔者将另撰文单独探讨小三线与当地之间的互动关系问题。

---

① 徐有威主编:《口述上海——小三线建设》,第31页。

近代上海女性文学的嬗变及特点

段继红

(上海电机学院马克思主义学院,教授,上海 200240)

由于地理位置的优越和交通的便利,近代上海迅速发展成为耀眼的大都市,尤其是辛亥革命之后,西方文化思潮和哲学思想以不可抵挡之势冲入中华大地,冲击着封建文化、封建文学的堡垒,新思想、新观念如雨后春笋,使得作为"窗口"的上海发生着日新月异的巨大变革。这里遍布着新式学堂,译介西方文化的翻译馆、出版社,更有数量惊人、内容丰富的报纸、杂志……海外的物质文明和精神文明从这里登陆,强力冲击着中国传统文化,扫荡着中国的保守、陋俗与偏见,营造出一个奇特而宽松的社会格局和学术氛围,为近代文明,包括女学的兴盛和新知识女性群体的崛起,提供了适宜温润的生态环境。

此时的上海,文化界人才荟萃、名家辈出、名著纷呈、报刊林立、流派繁多。原先居于内地与海外的一大批文化精英纷纷来此定居,遂使上海成为近现代中国的文化前沿,其现代性特征不断凸显。传统女性向现代女性的蜕变进程也在不断加剧,她们拥有了更多的接受新式教育和接触民主思想的机会,同时,上海发达的工业经济也为她们提供了充分展示自己聪明才智的舞台,她们获得的不仅仅是经济地位、社会地位的提高,尤为珍贵的是精神文化层面的自由和独立的话语权。至此,聚集在上海的女性创作主体也由闺阁诗人转型为知识女性,而文学也由古典转向现代,女性的创作也由诗词为主扩大到新闻、翻译和小说,标志着女性文学进入了一个新的阶段。

一、女报的繁荣

这一时期,大量的精英知识女性聚集上海,积极参与政治文化和社会活动,结社办报,直接投身舆论媒体,推动革命进程。她们多出身于士绅之家,其父兄也多为文化名人,思想开明、优渥的家庭环境奠定了她们良好的传统文化底蕴。同时,她们又受到西方新思想的启蒙,有些甚至曾留洋国外,接受西学的洗礼,因此,她们完全不同于传统意义上"批风抹月,拈花弄草,能为伤春惜别之语,成诗词集数卷"的小慧"才女",而是具有强烈参政意识的新型知识女性。如康有为的女儿康同薇、梁启超的夫人李蕙仙,她们创立了中国女学会,创办了中国人自办的第一所女学堂,并在 1898 年 7 月创办了中国历史上第一份女报,开设《论说》《新闻》《征文》等栏目,主张打破"夫权",提倡男女平等、独立自由,鼓励女性爱国自强。她们是中国第一批女报人,是中国女报事业的先驱者。

在 1912 年至 1913 年,女子参政十分踊跃,而许多由女界领袖创办的报纸成为她们宣传女权思想和团结女性参与政治的阵地和号角。如 1911 年 11 月成立的上海女界协助会,是辛亥革命时期最声势浩大的女性后援团,以孙中山夫人、伍廷芳夫人、刘青侠女士为首,包括当时上海女界最为活跃的精英知识女性,她们在 12 月 2 日的《神州日报》上发表《女界协赞会敬告女同胞》一文,号召女性积极投身革命,"我女子今日能竭力捐助,既尽义务于前,则将来全国光复后,庶可与男子受同等之权利,安知欧西女子要求而不得之参政权,不见破例而见于我新造之中国乎"?虽然是为军队筹措军费,但其政治目标显而易见。1912 年,由刘舜英为首的女子参政同志会会员所创办的《民国女报》,亦以"提倡国学,发达女权,辅助共和"为宗旨。这一时期的女性刊物,充满了鲜明的政治色彩,展示了精英女性强烈的参政意识,也表达了借助于舆论唤醒女性群体参政意识的愿望,反映出觉醒了的新时代女性重建性别关系、探索新身份的艰难尝试,是女性从传统走向现代的重要标志。

女报还鼓吹启蒙教育功能,肯定女性在家庭中担当重任并因此而产生的重要社会价值。在《发刊词》中,《神州女报》的社长张昭汉就共和时代男女平权及女性教育和女子参政权利之间的关系作出了阐述:"故欲权之平,必先平教育","二万万女子,咸有转弱为强,造成完备之国民,各尽其对国家认同,以参预政治",指出无论男女平等,还是女性参政,其根本在于教育。此外,女报内容还包括女性生活指南,如家政、女红、手工、化妆、服饰、交际、婚恋、育儿、文学传记、译丛、小说等文艺作品。

近代上海林林总总的女性报刊,虽然有激进与保守之分,身份认同有偏重政治和家庭之分,但女性勇敢地站在公众舆论的舞台上,向社会大声表达自己的观点,展示了新型知识女性独立自信的风采,并通过舆论媒体促进了社会进步女性观的形成。同时,由于与时代政治、社会生活日益密切的关系以及传播广泛,影响巨大的媒介特质,女报自身也迅速成长,成为女性乃至整个社会普遍接受的一种思想交流方式和信息交流的平台。

二、译介的兴起

20世纪初叶,随着西学的涌入,中国出现了一个翻译热潮,精英荟萃的上海译界,活跃着一批来自全国各地的女翻译家的身影。她们多为接受了新式教育和西学的新型知识女性,受到启蒙思想的影响和鼓励,走出家庭,获得了经济的独立,在拥有社会身份的同时,也拥有了话语权。她们以翻译为媒介介绍西学,以女性独特的视角和话语,解读和传播新思想,成为女性解放的先驱者和新文学形式的拓荒者。这个群体大约有20人,她们多来自长三角女学兴盛发达之地,主要由两部分人构成:一是有留学海外的经历;二是受过新式教育。民国初年,女子教育重视外语,女子中学四年的学制中,外语课时总数超过国文,因此,为来自新学堂的知识女性打下了良好的翻译基础。她们如薛绍徽、陈鸿璧、张默君、张昭汉、陈信芳、汤红绂、凤仙女史、黄静英、陈翠娜、杨季威、黄翠凝、罗季芳、毛秀英、吴弱男、薛琪瑛等。据郭延礼统计,她们共翻译长篇小说20余部,另有短篇小说30余篇,诗歌数种。

其中,薛绍徽可谓中国女翻译中第一人,她出生福建,早慧,6岁学诗,14岁曾冒充兄长参加地方作诗比赛,被列为上选。其丈夫陈寿彭为福建著名文人、清末名士陈季同胞弟。1883年,陈寿彭游学日本,在此期间,薛绍徽居家研读经史。19世纪末叶,女学兴起,具有新思想的薛绍徽被上海《女学报》聘为主编,宣传西方新学,提倡男女平等,成为著名女报人。与此同时,她还与丈夫合作翻译了儒勒·凡尔纳的《八十天环游记》,由经世文社出版。语言浅近,故事曲折惊险,符合本土大众的审美,因此好评如潮,短短几年数度再版。1902年,再度与其夫合译了《格致正轨》10卷、《外国列女传》7卷和英国女作家厄冷的小说《双线记》(*A Double Thread*)。薛绍徽除翻译之外,还撰写《国朝女文苑小传》及创作诗词,陈衍谓其"好学淹雅,日拥百城,益以善病,足迹罕出户外。撰述甚富,诗词骈体文袅然"。病故之后,其子女为之刊刻文集《黛韵楼遗集》4册,由著名文人严复、陈宝琛、陈衍及林纾为之作序,足见其在近代文坛上的影响力。

在女性翻译群体中,陈鸿璧亦属翘楚。她出生广东新会,后居于长三角地区,通英文,于1905年前后开始翻译小说,由1904年创办的上海小说林书社出版。1907年《小说林》杂志社创刊,第1期就发表了陈鸿璧三篇翻译小说:英国佳汉的《电冠》、法国嘉宝尔奥的《第一百十三案》以及佚名的《苏格兰独立记》。《小说林》一共开办了12期,每期均载有陈鸿璧的翻译小说,足见其译作之多。此外,她还翻译过嘉宝尔奥的《薛蕙霞》和Sonthworth的《沉埋受涤》(*In the*

Depths),均由上海广智出版社出版。与张默君合译的美国白乃杰的《盗面》由广智书局、群益书局、千顷堂三家同时发行。陈鸿璧还翻译过马腾著的《妇女与家庭》(1926 年版)和"万有文库本"的《科学的训练儿童法》,均由上海商务印书馆出版。陈鸿璧翻译的作品涉猎广泛,有历史小说、科学小说和社会哲学,但更多的是侦探小说,其译文虽仍为浅近的文言,但文字通畅、流利,符合中国读者的阅读习惯。特别值得注意的是,她的译文重视心理描写,在当时的翻译中属于上流译作。其次,译文注意保留原著的环境描写。环境是文学作品人物生活和事件发生的空间,也是构成小说的一个重要因素。近代翻译家往往将西方小说中大段大段的环境描写,特别是自然环境和静态的心理描写视为"累赘",或因不符合本土受众的欣赏习惯而删去,亦有将 1 000 余字的环境描写缩写成几句话的,在这方面陈鸿璧更加忠实于原著。

翻译外国戏剧的代表人物是吴弱男和薛琪瑛。前者为章士钊夫人,安徽庐江人,先后留学日本、英国,精通日文及英文,译有易卜生的《小爱友夫》,刊登在《新青年》4 卷 6 号;还翻译了日本押川春浪的小说《塔中之怪》,刊载于《小说林》1906 年 8 月。薛琪瑛是无锡望族、红顶商人薛福成的侄女,毕业于教会学校,通英文,有着良好的传统文化底蕴,故其译文有着较高水准,译作有英国唯美戏剧家奥斯卡·王尔德(Oscaer Wilde)的《意中人》,刊登在《新青年》1 卷 2 号。

同时期的女翻译还有近现代中国女权运动的发起人和革命活动家张昭汉,湖南湘乡人,曾就读上海务本女校、上海圣约翰女子书院。辛亥革命时期《大汉报》的创始人,1912 年神州女界共和协济社和神州女学的创办者及校长,同年,在上海创刊《神州女报》,呼吁女性解放,参与政治。张昭汉与陈鸿璧联手翻译多部小说,亦独立翻译多种侦探小说,如英国沈伟威廉的《尸光记》,1909 年由上海广智书局出版。

三、小说的盛行

1940 年代末,中国女性文学经历了从古典到现代的一个重要转型,秋瑾是其中关键一人,虽然她的诗词创作仍然沿用旧体,但散文创作已是白话文体。她的作品一扫前代女诗人的春恨秋愁、容貌梳妆、思妇怀远的幽怨,呈现出大气磅礴、慷慨激昂的胸襟气魄,体现了一个觉醒的新女性对社会的责任感,表达了政治意识、平权意识和性别意识,成为终结古代闺阁文学、开启近现代女性文学的一道分水岭。

秋瑾的创作还引领了近现代文学史上女作家群的出现,如丁玲、冰心、白薇、沉樱、萧红、张爱玲、苏青、苏雪林、石评梅、庐隐、冯沅君、陈衡哲、林徽因、陆小曼等。她们均接受过高等教育、经济独立、视野开阔,有些甚至有海外留学和生活的阅历。她们受中国传统文化的影响极深,又吸纳了时代的新思想和西方文化的元素,因此,她们有着传统观念和新思想的矛盾和困惑。她们的目光多关注女性生存困境和命运的不幸,笔下的女性往往充满纠结和迷茫、抗争和妥协、痛苦和无奈,希望和失落交织在一起。如冰心的《秋风秋雨愁煞人》《是谁断送了你》《最后的安息》;苏青的《结婚十年》《续结婚十年》《歧路佳人》;张爱玲的《倾城之恋》《金锁记》《沉香屑——第一炉香》;石评梅的小说《董二嫂》、剧本《这是谁的罪》等,都从不同角度揭露和批判了封建礼教对女性生命力的扼杀和精神的戕害。

这一时期活跃在文坛上的女作家多数或生长上海或客居上海,共同构成了上海文学的繁荣局面。1927—1928 年,丁玲《梦珂》和《莎菲女士的日记》的问世,表现"五四"退潮以后追求个性解放的女性所面临的梦醒之后无路可走的痛苦与迷茫。她是新文学史上第一位大胆向男权社会挑战的女性作家,"好似在这寂寞的文坛上抛下了一颗炸弹一样,大家都不免为她的天才所震惊";此后,沉樱写了一系列解构爱情神话的小说,如《爱情的开始》《喜宴之后》;白薇有长篇爱情自传《悲剧生涯》,塑造了一系列小布尔乔亚知识女性的形象,表达了女性试图对自我、对性别、对社会作一个清醒的认识,充满了时代精神。

萧红 1930 年代居住上海期间,与鲁迅先生及茅盾、聂绀弩、叶紫、胡风等左翼作家交往甚密,他们对萧红的创作和生活产生了重要影响。萧红还与叶紫和萧军在鲁迅的支持下结成"奴隶社",出版了小说《跋涉》,揭露了日伪统治下社会的黑暗,歌颂了人民的觉醒、抗争。萧红由此取得了在现代文学史上的地位。从上海避难青岛之后,萧红写下了现代文坛上重要的作品《生死场》,确立了自己的独特视角——从命运角度来展示底层女性的悲惨生活,从平淡无奇的日常生活中揭示出触目惊心的严酷现实。她从女性的角度和她特殊的经历及人生体验,以文学的形式表现出来,表达了她对女性生存状态的关注和痛苦的关怀,既有原生态的生活的摹写,也有对社会的深刻反思。就此而言,萧红的作品有着超越同时代其他女性作家的思想性和深刻性。

但是,无论丁玲还是萧红,她们都是短暂客居上海,其创作中未能呈现出浓郁的海派特色。1930 年代—1940 年代,尤其是沦陷时期,上海出现了一批本土女作家,如张爱玲、苏青、汪丽玲、关露等,她们在国家命运和个人生存的夹缝中,在反映宏大主题的抗战主流文学之外,另辟蹊径,书写了上海普通饮食男女的生活,成为"海派文学"的重要组成部分。她们规避了自己生活经验之外的内容,从女性的角度来表现上海的百态人生,尤其擅长描写大时代中的小情爱,表现出世俗生活中及时行乐、个人至上的末世情怀,以及在动荡年代人生无常的恐慌情绪。

其中,张爱玲最具代表性,她可谓孤岛时期上海女性文学的一朵奇葩,也是近现代"海派文学"的重要作家。她从登上文坛之日起就大放异彩,以独特的视角和精致的语言,在文坛上独树一帜。她的小说多描写大都市中小人物的悲欢离合,表现凡俗和琐屑的人性,这种世俗化的创作倾向消解着"五四"时期的浪漫和激情,也模糊了战争的大时代背景。在她的小说里,没有鲜明的善恶是非,没有激烈的矛盾冲突,每个人都为着一些琐碎卑微的愿望而认真地钻营密谋、明争暗斗。她以那个年龄少见的冷静和洞察力,冷眼旁观着在名利场中摸爬滚打的芸芸众生,细腻而生动地"临摹"着小市民们的生命形态,还原了人性本质,表达了她对于都市和人生的思考与理解、同情与针砭。

苏青也是一个具有代表性的海派女作家。与张爱玲不同的是,她不善于细密地编织传奇的故事,也不擅长洞悉人性中幽微隐秘的弱点,却以那个时代难得一见的坦白和率真,将自己的真实生活展示在世人面前。她的《结婚十年》和《续结婚十年》,以自己为原型,描述了女主人公 10 年间结婚、怀孕、生子、搬迁、遭遇丈夫外遇、离婚等一系列平凡琐碎的生活,不仅真实地反映了都市普通女性在婚姻生活中沉重悲凉的生存困境,揭示了孤岛沦陷时期大上海的喧嚣动荡与焦躁不安,也透露出她对自己生活状态的强烈失望和愤怒。如果说张爱玲为我们展示的是 20 世纪三四十年代上海上流社会的女性被金钱扭曲的精神和人性,那么苏青便是直面普通市民阶层的女性,更真实地表现了她们在日常生活和婚姻家庭中的奋斗和挣扎。无论是精神和人性的理性剖析,还是物质和生存的感性描摹,这一时期的海派女作家都以其独特而生动的笔触,为我们提供了一个隐匿在动荡不安的战争背景下的城市女性日常生活和情感的范本,是近现代中国女性文学史上一道独特的风景。

地处长三角中心的上海,不仅在中国近现代史上有着举足轻重的地位,在中国女性文学史上亦有着特殊意义,而近代上海知识女性从古典走向现代的华丽转型,以及她们在文学艺术上的杰出贡献,已经成为海派文化中浓墨重彩的一笔。

参考文献

[1] 梁启超:《论女学》,《饮冰室合集·文集》,中华书局 1936 年版,第 38 页。
[2] 《女界协赞会敬告女同胞》,《中华全国妇女联合会妇女运动历史研究室·中国妇女运动

历史资料》(1840—1918)，中国妇女出版社 1991 年版，第 493—494 页。

［3］ 谈国英：《民国丛书》，第 2 编(18)，《中国妇女运动通史·上海》，上海书店 1989 年版，第 83 页。

［4］ 张汉昭：《神州女报发刊词》，《中华全国妇女联合会妇女运动历史研究室·中国妇女运动历史资料(1840—1918)》，中国妇女出版社 1991 年版，第 294—296 页。

［5］ 朱有瓛主编：《中国近代学制史料(第 3 辑)》，华东师范大学出版社 1990 年版，第 373 页。

［6］ 陈衍：《石遗室诗话》(卷十五)，商务印书馆 1929 年版。

［7］ 毅真：《丁玲女士》，收入袁良骏编：《丁玲研究资料》，天津人民出版社 1982 年版，第 223 页。

近代上海小校场年画的嬗变

段继红

（上海电机学院马克思主义学院，教授，上海 201306）

中国自古就有除旧迎新之际张贴年画的习俗，用来辟邪祈福、装点环境、营造吉祥的节日气氛，寄托对未来生活的美好期盼。清代富察敦崇在《燕京岁时记》中记载："每至腊月，繁盛之区，专搭席棚，售卖画片，妇女儿童争购之，亦所以点缀年华也。"年画最初的创作者是农民，他们用质朴的线条和浓郁的色彩描绘出幸福生活的图景，展现着农耕民族丰富的思想情感。

年画源远流长，像一部中华民族的图像史书，是民间世俗生活真实生动的写照，承载着人们的情感和愿望。其雏形是守护家园的门神，战国秦汉时民间就流行以神荼、郁垒二神镇守门户，汉代王充《论衡·订鬼》云："《山海经》又曰：沧海之中，有度朔之山，上有大桃木，其屈蟠三千里，其枝间东北曰鬼门，万鬼所出入也。上有二神人，一曰神荼，一曰郁垒，主阅领万鬼。恶害之鬼，执以苇索而食虎。于是黄帝乃作礼，以时驱之。立大桃人，门户画神荼、郁垒与虎，悬苇索以御凶魅。"南朝亦有贴门神的习俗，"岁旦绘二神贴户左右，左神荼，右郁垒，俗谓之门神"。唐以后，门神演变为持剑的秦琼和擎叉的尉迟恭，并成为最主要的年画题材。年画的主题丰富多彩，除了新年应景的驱邪避祸，便是与丰收富足、多子长寿、升官发财等朴素的与生活理想有关，如春牛图、嘉穗图、连年有鱼（余）、麒麟送子等。还有戏剧故事，如桃园结义、杨门女将以及传播传统风尚道德的渔樵耕读、精忠报国等，反映了民间的道理立场和对美好生活的愿景。

中国年画产地众多，素有"四大"（天津杨柳青、苏州桃花坞、山东杨家埠、河北武强）和"四小"（四川绵竹、河南朱仙镇、陕西凤翔、广东佛山）之分。

其中，桃花坞年画至清朝雍正、乾隆年间进入鼎盛时期，占据中国年画业的半壁江山。部分桃花坞的画师南迁上海，将画铺和画摊集中于上海南市的旧校场路，在嘉庆年间（1796—1820 年）渐渐形成上海年画一条街，并随着上海的开埠和城市的繁荣日趋兴旺。1860 年前后，国家内忧外患接踵而至，有更多桃花坞年画的从业者为躲避战乱，陆续来到上海谋生，遂使上海的年画业达到鼎盛。其风格最初沿袭桃花坞年画，但在 19 世纪末，上海作为西方文明登陆的窗口，受到欧风美雨的浸润,同时又吸纳了来自全国各地的移民,因此,华洋共居,五方杂处,各种新鲜事物层出不穷,民情风貌也呈现出中西交融、八方汇聚的特色,而小校场的年画也随之形成了具有上海味道的独特风格。

一、小校场年画的内容

小校场原是旧时上海驻兵演武的地方,毗邻城隍庙,因庙会而兴旺,逐渐发展成繁华热闹的商业区,上海年画也集中于此。清同治、光绪年间,旧校场年画盛极一时,短短200余米街面上画铺多达几十家,遂有"年画街"之称,而小校场年画也成为上海年画的代名词。聚集此地的主要年画商号有芳记、源兴号、爱莲堂、福斋画店、义盛斋、异馨斋、韩菁华斋、甘德盛、老文仪、彩云阁、吴锦增、陈茂记、新记、泰兴、源兴等,其中,以飞影阁、吴文艺、孙文雅、赵一大、筠香阁等年画庄最负盛名。年画的内容丰富多彩,既有《好事成双》《神虎镇宅》《百福临门》《天下太平》等传统题材,祈祷丰收,祭祀祖宗,驱凶避邪,祈福迎祥,同时,又融入了上海本土文化的元素。一幅幅反映着上海风土习俗、时事新闻和社会生活的年画,成为时代变迁的艺术缩影。

(一) 世相百态

随着上海都市化的迅猛推进,作为以销定产的商业画种,年画也必然随着市场发生改变,市民阶层的生活方式、欣赏习惯和审美情趣都成为年画的风向标。小校场年画与时俱进,迅速突破传统题材,融入上海国际大都市的新事物、新风尚,反映了上海市民生活的世相百态,充满浓郁的生活气息,迎合了正在崛起的市民阶层的审美趣味。

小校场年画内容多样,技巧新奇,在保留《合家欢》《百子图状元及第》等传统题材之外,更多的是反映现实生活,描摹市民日常生活的场景,如《各行各业风情图》《三百六十行》,传神勾勒出市井百业百态,生动再现了修马桶、炒栗子、卖成衣、卖水、修电灯、接电话线、拉人力车等上海滩新老行业;再如《新出清朝世界十怕妻》,描绘了晚清社会典型的十种惧妻行为,与传统的悍妇妒妻题材不同,它反映了上海已经打破传统社会男尊女卑的人伦观,女性地位也随着时代的变迁和经济的独立得以提高。这些画中还附有大量的解说,保留了当时市民生活的特定场景和流行的沪地方言,为考察清末民初时期民俗流变留下了珍贵的形象资料。

(二) 社会事务

小校场年画开创了以社会事务为内容、以时事新闻入画的先河,内容主要有两个方面：其一,反映上海租界的新事物、新景观。如《海上第一名园（张园）》《上海新造铁路火轮车开往吴淞》《新出夷场十景》《上海四马路洋场胜景图》《西国车利尼大马戏》《西洋斗鸡》等。其中,《寓沪西绅商点灯庆太平》,描绘了清末上海市民与外商欢度元宵节的情景：各国彩旗飘飘,一排洋人手擎长龙,与上海市民一同游街观灯,亦是外国人入乡随俗的例证;《西国车利尼大马戏空中悬绳大战》再现了西洋马戏演出的场景;《上海四马路洋场胜景图》展示了清末上海街头的新旧风貌;《中外通商》反映了中西交流的景象,画中洋人去教堂做礼拜,贵妇戴礼帽穿西服坐轿子,描摹了上海租界生活和洋场风俗;《新出夷场十景》则表达了作者对"妇人坐轿男人走"的西方礼节表现出的强烈好奇,还题诗画上："妇人坐轿男人走,后面跟只好猎狗,外洋风俗更稀奇,打躬怎消牵牵手。"这些年画表现了这一特定时期西风东渐的社会现象和大众心理,因此成为呈现社会历史风貌的一个窗口。

其二,时事政治,如《上海通商庆贺总统万岁》《刘军克复宣泰大获全胜图》《各国钦差会同李傅相议和图》和《华军大战武昌城》等,都体现了普通市民对时局政治的关注和好奇。总之,这些年画从题材上突破了传统内容,技法上也大大改进,线条流畅,设色繁复,构图多变,给人们以"观之不尽"的感受,满足了上海新兴市民阶层的审美需求。

（三）女性主题

女性在传统年画中一直扮演着重要角色,往往以相夫教子、贤良淑德的形象入画,如《闹新房》《兰生贵子》《合家欢》《玉堂富贵》《福寿齐眉》《百福临门》《万年家庆》和《百事如意》等。小校场年画中的女性题材,则对传统内容作了拓展和突破,更多地展示女性的聪慧和才华,如《抚琴》《丹青》《下棋》和《洗尽铅华》等,色彩也由传统年画的浓郁鲜艳转为文人仕女图式的清丽雅致。而《春蚕胜意》《蚕花茂盛》和《湖丝厂放工抢亲图》等,则反映了女性在上海商业经济活动中的主体地位,体现出女性地位的提高和社会对女性的尊重意识。

女性主题的年画在这一时期无论在内容,还是技术上都获得了迅速发展,涌现了一大批以擅长仕女人物画而驰名画坛的高手,如任伯年、吴友如、钱慧安等,并成为后来时装美人画、上海月份牌和宣传画的前身。

（四）文人雅韵

小校场年画的作者除民间艺人之外,一些负有盛名的年画庄,如飞影阁、吴文艺、沈文雅、赵一大、筠香阁,还聘请了上海地区知名的文人画家加盟,如任伯年、周慕桥、何吟梅、张志瀛、田子琳、沈心田、钱慧安、吴友如等,他们在民间绘画中融入了文人画的元素,使得上海小校场年画区别于传统农民年画的色彩浓艳和笔法稚拙,呈现出典雅优美的审美特征,遂使小校场年画从中国年画中脱颖而出,别具风采。尤其是《点石斋画报》的主编吴友如和其得力助手周慕桥,更是在年画革新中倾注了大量的心血,很多画作是对当时社会新鲜事物的及时再现。笔下不仅有传统绘画中类型化的才子佳人,概念化的亭台楼阁,更多着墨现实生活中的士农工商和车船光电,恰好符合上海市民阶层的审美需求,也记录了迅速变化中的上海城市风貌。

1930 年代,月份牌风靡上海,文人画师的加入,将月份牌艺术提升到新的高度。以郑曼陀、杭稚英作品为代表的月份牌年画,以其色彩艳丽柔和、形象细腻逼真,形成了独特的"年画风景"。当时业内公认,周慕桥善绘古装女郎,郑曼陀擅长时装女郎,而杭稚英笔下最成功的则是充满时代风韵的摩登旗袍女郎,折射出上海开埠以来社会审美情趣的变迁以及市民对美女形象的新标准。与此同时,画家们发现传统人物的线条勾勒和色彩晕染等技法已经远远不能满足时下的审美要求,需要新的表现手法加以补充,于是周慕桥等文人画师引入西洋绘画中的透视法理论,融合油画和传统绘画的优势,在二十世纪初创造了大量具有鲜明海派风格的新颖广告画,使作品充满了生命力,也让小校场年画成为领跑中国年画的佼佼者。

二、小校场年画印刷技术的革新

20 世纪二三十年代,上海商业贸易日趋繁荣,外商们为了吸引中国顾客,利用新颖的广告作宣传,但洋画片无法引起市民的共鸣,便学习中国商号的做法,将中国神话传说、戏曲人物、古代仕女,寿星福娃等内容印在绘有商品及商号名称的广告上,配以精心设计的边框,印上中西对照的年历,逢年过节赠送顾客,它以别开生面的新年画样式,被市民称作"月份牌"。清代光绪九年(1883 年),《申报》曾在头版刊出告示:"本馆托点石斋精制华洋月份牌","随报分送,不取分文。此牌格外加工,字分红绿二色,华历红字,西历绿字,相间成文","印以厚实洁白之外国纸,而牌之四周加印巧样花边,殊堪悦目"。这种画纸考究、印刷精致又实用的月份牌大受市民欢迎,购买后或在家中悬挂张贴,或赠亲馈友。于是,从中国传统年画中的节气表、日历表牌演变而来的月份牌,逐渐取代了小校场木版年画,嬗变出了新的年画形式,揭开了上海年画史的新篇章。

月份牌的出现,促进了年画技法的改进。小校场年画传统木板雕印中的单线平涂笔法、半印半画的传统绘制技法,线条略显生硬板滞,色彩单一简略,缺乏细腻灵动的表现力,尤其是人体的微妙质感,无法满足上海市民追求时尚新奇的审美要求。于是画师们致力创新画技,如郑曼陀的擦笔水彩画,以不开锋的羊毫尖沾碳精粉揉擦阴影,使主体形象呈现出立体感,再用西洋水彩反复晕染,制作出来的月份牌女士肤色白里透红,细腻圆润,视觉效果极佳。

传统的生产印刷方式显然也跟不上市场的需求,但小校场年画地处国际大都市,有着得天独厚的新技术资源,率先引进了德国的石印技术。这种技术能够复制中国书画特有的柔笔墨意,保留书画原有的神韵,同时,采用西方价格低廉、色彩明艳的矿物质颜料,使得画面绚烂浓烈,层次丰富,又使用国外纸张,"洋纸"在添加了明矾之后,更利于油墨着色,不晕不花。随后,胶印又取代了石印,画师在画稿完成后,制版方采用新引进的照相技术处理,画亦可随意调整大小,极大地便利了制版。此外,用机器代替手工刷墨,印刷效率和产量成倍增加。因此,上海小校场年画的制作和生产,在采用了新材料、新技术之后,产品的数量和质量大大提高,印刷制作的成本却大大降低,且售价低廉,极大地冲击了上海乃至中国的年画市场,在清末民国初,进入了鼎盛时期。

三、小校场年画的文化意义

中国年画作为一种文化象征符号,以其人文蕴含之深厚、信息承载之密集、地域风格之丰富、民族心理表现之鲜明而著称,其内容和艺术形式最具中国特色和世界意义。它集中体现了民族精神和地域文化,表达了中国民间道德立场和审美取向。它与民间生活结合紧密,及时生动地记录了不同历史时期的民俗风情,是难得的历史学、民俗学、社会学的形象史料,在美术史研究方面也独具价值。

上海小校场年画不仅继承了中国年画的传统,且具有海派文化的地域特征,同时,又融汇了西方文化的元素,形成了鲜明的特色,真实地记录了时代的巨大变革和迅速崛起的国际大都市丰富多彩、光怪陆离的生活场景,也反映了社会文化和市民心理,为海派文化研究提供了证据。如《新刻希(稀)奇一笑图》年画中,作品上刻有"腌鲤鱼放生——死活勿得知""猢里(狸)精吃糖饼——怪甜""屁古(股)浪戴眼镜——屯光""歪嘴吹喇叭——一团邪气"等几十条歇后语,即是采用弄堂百姓流行的俚语方言,属沪方言研究的宝贵资料。小校场年画对稍晚诞生的连环画也不无影响,它将百姓喜闻乐见的戏曲和民间故事分割成不同的部分,如《杨家将》《孟姜女》等,有4—8个相等的小画面,甚至有前本、后本,图文并茂,拼合起来俨然就是精美的连环画。而《打连(莲)箱(厢)》《荡湖船》等年画,原汁原味地保留了清末江南地区民间戏曲活动的细节,甚至还印有大段唱词,当属研究上海地方戏曲的重要文献。

但是，每一个时代都有自己独特的艺术形式，旧的消亡，新的产生，盛极一时的小校场年画，也不可避免地经历了由盛转衰的必然命运，如冯骥才先生所说："其实早在民国初年，中国年画已经开始消失。"虽然其间也有过两次挽救和振兴的努力，即民国时期的改良年画和新中国成立后的新年画，但均在社会经济的迅猛发展中成为余响。

小校场年画在短短 100 年的历史中，迅速由极盛而衰落，其中有着广泛而深刻的原因。首先是市场需求的萎缩。随着社会意识形态的变化和现代高科技印刷术的发展、电脑化的现代设计方式，以及现代人审美取向的变化，使得年画不再成为人们的文化必需品；其次，传统年画手艺面临失传。非物质文化遗产是依附于人的文化形式，人在则在，人亡则亡。目前有制作年画工艺技能的艺人平均年龄超过 50 岁，但他们鲜有传人，一种流传千年的民间工艺即将成为消失的文化。冯骥才先生沉痛地指出这一严重后果："曾经代表我们民族生存的东西已经黯然消失"，"无数的民间老艺人在无声无息地逝去。作为文化的携带者，他们的走，是一种中国民间艺术的断绝！"

散发着浓郁海派文化气息的小校场老年画，曾因融合传统文化和西方艺术的独特风貌而大放异彩，随着时代的变迁，它逐渐淡出了我们的生活，成为需要保护的非物质文化遗产，其文化价值也日益彰显。然而，年画雕版保存不当，损失严重，古版年画珍品大量流失，政府和民间的收藏，又减少了木版年画品种的流通。凡此种种，使之如同其他不受重视的民间艺术一样，处于濒危状态，据统计，上海小校场年画目前仅存 1 000 余幅。因此，整合政府和民间力量来挽救这一即将消失的文化形式已刻不容缓，目的是为其提供一方生存的空间，也为后人留下一份宝贵的精神遗产。

参考文献

［1］〔清〕富察敦崇：《燕京岁时记》，光绪三十二年（1906 年）。

［2］〔南北朝·梁〕宗懔：《荆楚岁时记》（卷六），文学古籍刊行社 1955 年。

［3］冯骥才：《走在抢救中国年画的路上》，《大江周刊》2007 年 1 月。

［4］中国民间文艺家协会、河南省民间文艺家协会：《首届中国木版年画国际学术研讨会论文集》，北京大众文艺出版社 2003 年版。

改革开放政策下上海地方立法的发展[*]

刘　妤

（华东政法大学研究生教育院，博士，上海 201620）

一、立法和改革统一的基础

（一）统一在党的领导的原则下，体现党的路线、政策

据百度百科的介绍，改革开放，是 1978 年 12 月十一届三中全会起中国开始实行的对内改革、对外开放的政策。改革开放是中国共产党在社会主义初级阶段基本路线的基本点之一。《社会主义百科要览》也把改革开放定义为党的"政策"：1978 年，党的十一届三中全会确立了把工作重点转移到经济建设方面的基本路线，并在此基础上制定了一系列新的方针政策，主要是改革和开放政策。[①]

我国的立法工作一直秉承在党的统一领导下开展工作的原则，这一点和作为党的路线、方针、政策的"改革"是一致的。在历届党的大会上都对党领导立法工作有过阐述：十四大报告中提出"加强立法工作，特别是抓紧制定与完善保障改革开放、加强宏观经济管理、规范微观经济行为的法律和法规，这是建立社会主义市场经济体制的迫切要求"；十五大报告提出"要把改革和发展的重大决策同立法结合起来"；十六大报告中把"提出立法建议"作为"改革和完善党的领导方式和执政方式"的一种路径；十八届四中全会提出"加强党对立法工作的领导，完善党对立法工作中重大问题决策的程序"。并进一步指出"实现立法和改革决策相衔接，做到重大改革于法有据、立法主动适应改革和经济发展需要"。这些决策对我们认识立法和改革的关系起到重要作用。

自从十一届三中全会提出"改革同生产力迅速发展不相适应的生产关系和上层建筑"以后，"改革"在历届党的全会报告中频繁出现。"改革"，在十三大报

---

* 本文系华东政法大学社会治理研究院课题：《上海地方性立法现状评估》的研究成果；本文为国家社科基金重大项目《健全宪法实施和监督制度若干重大问题研究》(14ZDC009)阶段性研究成果。

① 廖盖隆、梁初鸿、陈有进等主编：《社会主义百科要览·中册》，人民日报出版社 1993 年版，第 2942—2943 页。

告中出现了 75 次;在十四大报告中出现了 124 次;在十五大报告中出现了 93 次;在十六大报告中出现了 89 次;在十七大报告中出现了 102 次;在十八大报告中出现了 21 次……以上足以说明,立法和改革都是在党的领导下进行的,立法体现、肯定党的改革开放的路线、方针、政策,立法和改革在服从党的领导的原则上保持一致。

(二)法律和改革统一在社会关系不断发生变化的基础上

在《辞海》中,改革指把事物中旧的不合理的部分改成新的、能适应客观情况的。[①] 可见,改革就是要根据客观情况的变化而发生变化。

马克思说:"立法者在任何时候都不得不服从经济条件,并且从来不能向经济条件发号施令。无论政治的立法或市民的立法,都只是表明和记载经济关系的要求而已。"[②]所以,法律反映经济关系,同时,"法律是拥有立法权的国家机关依照立法程序制定和颁布的规范性文件。是法的主要形式。它通常规定社会政治、经济以及社会生活中某些基本的和主要的社会关系"。[③]

法律是统治阶级意志的体现,同时,也是特定社会关系的体现。立法主要是考虑现实情况和需要,它是在实践的基础上产生,并且主要是解决现实问题。[④]

经济关系、社会关系的变化呼吁改革,改革必然引起社会关系的变化,法律是社会关系的体现,当然会随之改变。当然立法和改革有一定的互动关系,但又不完全依附于改革,有自身的特点和规律。社会发展了,形势变化了,政策就要变,法律也要根据政策进行修改、补充或废止旧法,另制新法。[⑤]

二、地方立法和改革开放交错并行

(一)改革开放背景下地方立法重获新生

改革包括政治体制改革和经济体制改革,以邓小平为代表的第二代中央领导集体,在加紧处理历史遗留问题、解决政治体制中诸多弊端的同时,更为倚重的是采用立法手段果断地推动政治体制改革。[⑥] 根据邓小平的讲话和三中全会公报,1979 年 7 月,五届全国人大二次会议一揽子通过了 7 个重要法律。在这 7

---

① http://tool. gaofen. com/cihai/gaige1. htm
② 《马克思恩格斯全集》第 4 卷,人民出版社 1958 年版,第 121—122 页。
③ 高狄主编:《毛泽东周恩来刘少奇朱德邓小平陈云著作大辞典》下卷,辽宁人民出版社 1991 版,第 3297—3298 页。
④ 张友渔著:《张友渔文集》下集,法律出版社 1997 年 2 月版,第 530 页。
⑤ 张友渔著:《张友渔文集》下集,法律出版社 1997 年 2 月版,第 534、535 页。
⑥ 刘松山:《当代中国立法与政治体制改革关系的演变》,《学习与探索》2012 年第 7 期。

个重要法律中,除了中外合资经营企业法外,有 6 部法律都是旨在推动政治体制改革。

1979 年开始的改革开放也开启了从中央高度集权的政治体制逐步向中央集权、地方分权的政治体制过渡。同时,为了打破当时在全国范围内还难以形成共识的改革开放的僵局[1],中央开始逐步扩大地方权。1979 年 7 月 1 日,五届全国人大二次会议通过了《中华人民共和国地方人民代表大会和地方各级人民政府组织法》,赋予省级和"两市"人大及其常委会行使地方性法规制定权,使中断了 25 年的我国地方立法重获新生。[2] 1979 年 7 月,县级以上地方人大首次设立常委会,具备了开展地方立法的机构条件;1982 年,宪法的实施又赋予了地方立法权以宪法保障,至此,地方立法初步具备了法律基础和客观基础。

(二)改革开放背景下的"先行先试"原则给地方立法提供了发展空间

我国的立法实践长期奉行经验主义的指导思想,主张在改革进行中积累经验,依靠经验立法。"经过社会实践,有了经验;有多少经验,我们就立多少法。"[3]基于地方立法的程序简单、周期短的优点,鼓励地方立法成了经验主义立法理念的重要体现。2011 年,吴邦国在十一届全国人大四次会议上对中国特色社会主义法律体系的形成进行全面总结时提了三条,其中,就提到"对改革开放中遇到的一些新情况新问题,用法律来规范还不具备条件的,先依照法定权限制定行政法规和地方性法规,先行先试,待取得经验、条件成熟时再制定法律"。[4]

此后在改革开放的背景下,上海根据本地的社会需求和改革需要加快了立法步伐,据统计,1978 年上海市的地方性法规和政府规章共计只有一件,到浦东开发开放前的 1989 年上海市制定的地方性法规和地方政府规章达 19 件,是当时的最高历史水平;此后几年一直保持着立法的高数量,1994 年制定的地方性法规和地方政府规章总计达 45 件[5],达到浦东开发开放后的立法高潮。随着改革开放的深入,改革实践经验的积累,越来越多的改革经验被写进了地方立法文件,立法数量和质量也逐步提升,立法和改革开放形成良好的互动效果。下图为上海地方立法数量统计表(仅包括上海市人大及其常委会通过的地方性法规,不包括上海市政府发布的规章)

---

[1] 徐向华:《中国立法关系论》,浙江人民出版社 1999 年 11 月版,第 2 页。

[2] 徐向华:《中国立法关系论》,浙江人民出版社 1999 年 11 月版,第 19 页。

[3] 彭真:《论新时期的社会主义民主与法制建设》,中央文献出版社 1989 年版,第 139 页。

[4] 参见全国人大常委会办公厅编:《中华人民共和国第十一届全国人民代表大会第四次会议文件汇编》,人民出版社 2011 年版,第 345 页。

[5] 朱力宇主编:《地方立法的民主化与科学化问题研究——以北京市为主要例证》,中国人民大学出版社 2011 年 4 月版,第 103 页。

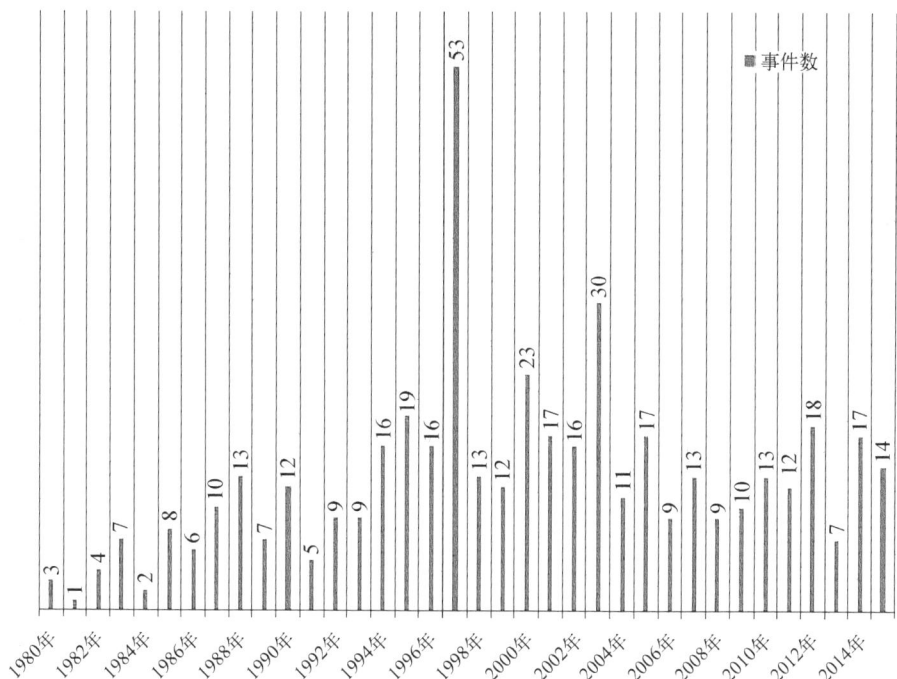

上图所示,1980 年代中后期开始上海地方立法的数量快速增长,这和浦东开发开放的时间相契合,到 1990 年代末达到立法数量上的小高潮;经过前一阶段的"填补空白"式的发展,上海的地方立法进入了"拾遗补阙"式的平稳发展阶段,从 2008 年至 2012 年开始为保障上海世博会筹备和举办工作的顺利开展,为贯彻实施建设上海国际金融中心的国家战略,上海的地方立法数量又有小幅度的提升;自 2013 年国务院批准设立上海自贸区后,相关的立法的立、改、废工作也有了进一步的发展。

三、改革中的标志性事件对上海立法的影响

(一)浦东开发开放与上海地方立法

1990 年 4 月 18 日,中央作出了开发浦东的决策,宣布对浦东实行开发开放的政策,此时国际上对中国是否继续实行改革开放政策持谨慎怀疑态度。面对国际上的疑问,时任上海市市长的朱镕基斩钉截铁地回答:"我们一定会立法,用法律框架来保障浦东开发开放以及外国投资者的利益。"①1990 年 9 月,国务院

---

① 《口述上海 浦东开发开放(下)》,上海世纪出版股份有限公司、上海教育出版社 2014 年 4 月版,第 7 页。

有关部门发布了关于浦东新区开发开放的 3 个法规性文件;上海市政府用了两个月的时间制定了 6 部地方规章。在这种环境下,上海一开始就确立了浦东开发开放、立法先行的原则。在当时"摸着石头过河"的改革过程中,能明确立法先行的原则,在改革开放之初就先构建起基本的法律框架,以良好的法制环境来引领改革开放,这是决策者的远见,在全国范围内也是先行者。

浦东开发开放进程中,强调立法和世界接轨,吸收了大量国际通用的贸易惯例,解决了外资合资企业成立、运作的具体问题。面对改革开放中的社会需求,上海的立法工作走在全国的前列。1990 年,上海市政府发布《上海市证券交易管理办法》是新中国第一部证券交易法规;1991 年 4 月 29 日,市政府发布《上海市公积金暂行办法》,上海成为第一个借鉴新加坡公积金制度的城市;1991 年 8 月 13 日—16 日,市人大常委会通过《上海市外商投资企业清算条例》,此为全国最早。

这一时期的立法工作不仅有了量的提升,立法质量也有了大幅度提升。《上海外高桥保税区条例》终于在 1996 年问世,这是市人大常委会为浦东开发制定的第一部创制性地方性法规。条例的出台从立法层面打消了外商的顾虑,很多外资老板纷纷表示要增资,"惠普一口气就增设了 5 个子公司,这就是法律保障的魅力"。① 体现了立法和改革的良性互动。

(二) 上海世博会与上海地方立法

2010 年的上海世博会是中国改革开放中的大事件,也是上海作为全国改革开放的排头兵的标志性事件。世博会是向世界展示中国改革开放的窗口,也是中国继续向世界开放的纽带。在筹办上海世博会的近 8 年时间里,世博会的组织者们一直把法治世博作为工作目标,在筹办期间努力构建上海世博会法律规范框架体系,不仅保证了"依法办博",而且这些法律规范经过世博会的检验,实现了社会治理的长效化,提高了上海依法进行城市管理的能力,改善了上海的法治环境。

为保障世博会的顺利进行,我国政府、世博组委会、上海市政府共通过筹备性法律文件 90 余件,法律规范的内容丰富,至少涉及 20 个项目,如知识产权保护、登记、税收、货物通关、检验检疫、宣传品进境和分销、出入境、志愿服务、旅游业规范管理、场馆建设规范、公共服务以及城市环境、社会治安、公共安全、交通运输及食品安全等。其中,上海市颁布的地方法规和政府规章主要有:上海市

① 袁飞、洪其华、李春燕:《上海地方立法突破力挺浦东先行先试》,2007 年 4 月 27 日《第一财经日报》。

人大常委会通过的《关于本市促进和保障世博会筹备和举办工作的决定》,授予上海市政府制定政府规章或者发布决定,采取临时性行政管理措施的权限;并制定或修改了《志愿服务条例》《公共场所控制吸烟条例》等 7 件地方性法规;制定修改《上海旅馆业管理办法》和《上海市消火栓管理办法》等 6 件政府规章。其中,不少法律文件不仅为了筹办世博会,更着眼于其长期适用性,提升上海的城市管理水平和法治环境。上海的《控烟条例》即是借着世博会的契机,以立法手段革除陋习、提升上海城市文明程度的案例。上海世博会是《烟草控制框架公约》在中国履行后的首次世博会,为履行中国作出的国家承诺,上海世博会筹办方宣布打造一届无烟世博会。

时任上海市委书记俞正声在 2009 年上海市精神文明建设大会上的讲话中指出,要下决心,花大力气,坚持不不懈地克服顽症陋习。其中就包括公共场所抽烟的习惯。世卫组织控烟专家也多次来沪商讨将上海世博会办成首届无烟世博。虽然 1994 年上海市政府颁布了《上海市禁烟暂行规定》,但条文过于简单,可执行性不强。中国又是一个烟草大国。有资料显示,中国吸烟人数可能多达 3.5 亿人,占世界吸烟总人数的 1/3。在这种环境下实现无烟世博谈何容易?

事实上,2010 年 3 月 1 日起生效的《控烟条例》的世博应急性很强。根据控烟条例第 11 条,上海市政府可以根据举办大型活动等的需要,临时设置禁止吸烟场所的范围。据此,上海世博事务协调局在世博会试运行期间即正式宣布:世博园区内除指定吸烟点外,其他区域禁止吸烟。

根据控烟条例,国家机关提供公共服务的办事场所等 10 类场所禁止吸烟,并对机场、旅馆、娱乐场所、餐饮场所等提出控烟要求。市健促委发布的《2013 年上海市公共场所控烟状况》显示:本市法定禁烟场所内,吸烟发生率为 17.2%,比《条例》颁布前明显改善,其中,无烟蒂场所达 76.7%。也有人质疑《控烟条例》略显保守,并没有在公共场所全面禁烟。但《控烟条例》毕竟扩大了禁烟的公共空间,为实行公共场所的全面禁烟做了准备工作,打下了群众基础。

作为中国改革开放的排头兵,上海的改革开放引领全国;锐意进取的改革开放改变着上海的既有社会关系,也促进了上海立法的发展。特别是上海的改革开放的标志性事件,更是阶段性地提升了上海地方立法的数量和质量。

四、改革开放推动上海地方立法蓬勃发展

上海被称为改革开放的排头兵,从浦东开发开放到"四个中心"的建设,从自贸区建设到具有全球影响力的科技创新中心的布局,上海市一直走在改革的前

沿。上海市的地方立法有以下特点：

（一）实施性

实施性是地方立法的重要特点，强调具体、细化法律、法规规范，但又不是对上位法的简单重复，"实施性法规不是对国家法律、行政法规的全面重复，不是对相关上位法规定的简单汇编。实施性法规是国家法律、行政法规的延伸、细化和补充，其主要任务是根据地方实际情况，解决本地实际问题的需要"。①

上海市在制定实施性立法时注重联系本地的实际需求，善于制定有针对性、可实施的地方立法规范。例如，《上海市劳动合同条例》（2001年）针对劳动法的实施，在劳动合同的订立、履行和变更以及劳动合同的解除和终止等方面作出了具有可操作性的规定，为建立和谐劳动关系、维护劳动者合法权益发挥了重要作用。《上海市机动车道路交通事故赔偿责任若干规定》（2005年）虽然只有短短的10个条文，但是它对道路交通安全法第七十六条规定的较为原则的民事责任承担方式进行了富有创造性的细化，具有较强的操作性，在实践中得到了人们广泛赞誉。②

2007年，上海市人大常委会对《上海市实施〈中华人民共和国妇女权益保障法〉办法》作了修改，修改后的《办法》第23条指出："禁止以语言、文字、图像、电子信息、身体行为等形式对妇女实施性骚扰。"这是国内以首次地方立法条款对构成性骚扰的五种具体形式作出界定。这也是上海市实施性立法的体现。

（二）自主性

自主性是我国地方立法的又一特点，我国地域广阔，全国各地的经济、文化水平有较大的差异，地方立法必须根据本地的实际需要出发，制定自主性法规。

上海的历届人大及其常委会都强调结合本地实际制定地方性法规。上海人大在1983年第一次提出"地方立法要具有地方特色"；1988年，市九届人大一次会议常委会工作报告在对上一届的立法工作进行总结时提出："立法必须从上海的实际出发，把经济立法作为重点。"1993年，市十届人大一次会议常委会工作报告在对前五年立法工作的总结中提出："适应本市改革开放、经济建设和城市建设与管理的需要，制定地方性经济法规，是市人大常委会依法行使地方立法权的最重要方面。"2000年，市人大常委会工作报告提出："地方立法要体现地方特色。"

这里要提到一个上海自主立法的例子。党的十一届三中全会后，经过拨乱

① 郭俊：《准确把握地方实时性法规的立法时期》，《人大研究》2009年第2期。
② 郑辉：《上海人大立法三十年：历程、经验、前瞻》，《人大研究》2010年第5期。

反正,人们对保护自己的合法权益的意识逐渐产生。与此同时,我国城市建设又出现历史性的转变,基本建设的投资大幅度增加,涉及的拆迁问题越来越多,使原有的规定无法解决实际操作中带来的许多问题。上海在这方面的矛盾特别突出,为了做到有法可依,上海市于 1980 年颁发《上海市拆迁房屋管理办法》(试行)。经过两年的实践,于 1982 年 10 月 20 日,市七届人大常委会第二十三次会议审议批准《上海市拆迁房屋管理办法》,并于 1982 年 11 月 8 日起实施。1982 年的《上海市拆迁房屋管理办法》是我国第一个有关房屋拆迁的地方性法规。也是符合上海市具体立法需求的自主性立法。虽然只有简短的 12 条,但针对性强,很好地满足了当时的立法需求。

(三) 先行性

1978 年 12 月,党的十一届三中全会召开前夕,邓小平在著名的《解放思想,实事求是,团结一致向前看》一文中指出:"现在立法的工作量很大……有的法规地方可以先试搞,然后经过总结提高,制定全国通行的法律。"[①]地方立法在我国改革开放的背景下还有先行先试的特点,以为进一步改革积累经验教训。

上海在地方立法过程中一直坚持大胆尝试,和改革开放同时并行,有不少领先全国的先行立法。浦东开发开放进程中,强调立法和世界接轨,吸收了大量国际通用的贸易惯例,解决了外资合资企业成立、运作的具体问题。面对改革开放中的社会需求,上海的立法工作走在全国的前列。1990 年,上海市政府发布《上海市证券交易管理办法》是新中国第一部证券交易法规;1991 年 4 月 29 日,市政府发布《上海市公积金暂行办法》,上海成为第一个借鉴新加坡公积金制度的城市;1991 年 8 月 13 日至 16 日,市人大常委会通过《上海市外商投资企业清算条例》,此为全国最早。

改革开放确立的国际化的发展方向,让上海和国际社会产生了很多共鸣,一些体现现代文明的国际理念和生活方式较早进入上海,由此产生了立法需求,《上海市志愿服务条例》的出台就是例证。1997 年 7 月,上海市志愿者协会成立;2005 年 9 月,上海市文明委印发了《关于进一步推进志愿者活动的意见》,提出适应上海建设社会主义现代化国际大都市以及提升市民素质和城市文明程度的需求,以活动项目为载体,以各级各类志愿者活动组织为基础,把上海的志愿者活动提升到一个更高的水平。《上海市志愿服务条例》于 2009 年 6 月 1 日正式生效,上海志愿服务事业的发展进入了一个有法规鼓励、保障和规范的新阶段。2010 年上海世博会期间志愿者的总人数超过了 200 万人,志愿者们热情、

---

① 《邓小平文选》第二卷,人民出版社 1994 年版,第 147 页。

周到的服务给全世界留下了美好的印象,也给上海国际大都市的形象添姿增色。在 2011 年,中央文明办提出"全国志愿服务学上海"。目前,多地已经制定了本地的《志愿服务条例》,全国性的《志愿服务条例》也在起草、论证中,《上海市志愿服务条例》体现了地方立法的先行性。

2015 年 7 月审议通过《中国(上海)自由贸易试验区条例》,积极构建自贸试验区的制度框架,提炼可复制、可推广的制度创新成果,确保现阶段的先行先试在法治框架内推进。被誉为是兼具地方实施性、自主性、先行性的一部地方立法文件。

五、上海地方立法保障改革开放顺利进行

(一) 立法引领和推动改革开放

上海的地方立法注重发挥立法的引领和推动作用,主动在全面深化改革的大局中谋划地方立法工作,以实现立法对改革的保障和引领作用。上海市第十次党代会提出了建设"法治完善"的社会主义现代化国际大都市的目标,在立法工作中努力提高立法与全市改革大局的耦合度。

《上海市人民代表大会常务委员会关于促进改革创新的决定》于 2013 年 6 月 20 日起施行,在共计十四条的《决定》中出现"改革"字眼 59 次,被认为是上海市人大为推进改革创新的新举措。《决定》规定应当将改革创新精神贯彻到经济社会发展的各个领域和环节,摒弃将改革创新与依法办事对立的思维,规定了一系列鼓励改革创新的举措。最值得称道的是《决定》将为"试错"护航,对于改革创新未能实现预期目标,但有关单位和个人依照国家和本市有关规定决策、实施,且勤勉尽责、未牟取私利的,不作负面评价,并依法免除相关责任。充分体现了立法对改革的保障和引领作用。

2015 年 5 月 25 日,中共上海十届市委八次全会审议并通过《关于加快建设具有全球影响力的科技创新中心的意见》,提出到 2020 年前,要形成科技创新中心基本框架体系,到 2030 年,要形成科技创新中心城市的核心功能。早在 2015 年初,市人大常委会就将"建设具有全球影响力的科技创新中心相关法规"列入 2015 年度立法计划重点调研项目,作为 2015 年市人大常委会的一项重点工作。常委会专门成立了立法调研组,该项立法调研从 2015 年 3 月启动,调研组梳理了国家和本市科技创新领域的法律法规,采取召开调研会、分赴创新型企业调研、赴兄弟省市考察科技创新立法情况等方式,了解立法需求,积极寻找立法切入口。这也是上海市人大力行"改革开放,立法先行"的理念,贯彻立法对改革的

引领和保障作用。

（二）立法程序和立法技术的完善能更好地保障改革开放

党的十八届四中全会上提出要"发挥立法的引领和推动作用"，除了要求立法要和改革决策相一致以外，还需要通过立法把改革决策进一步完善。"立法与改革决策相一致，绝不意味着立法仅仅是简单地、单纯地'符合'改革要求就行了，而是要通过整个立法程序，使改革决策更加完善。"①因此，立法还有经过严格的程序使改革决策更理性、更可行的作用。上海的地方立法程序和技术就起到了这种"过滤"作用，并在和改革决策的互动中更加完善。上海的地方立法在立法程序和技术方面也有很多值得一提的亮点，例如立法中公众参与途径不断扩展，参与形式不断创新；首次在上海地方立法中采用的"单独表决"程序，17年后进入了全国性的立法程序；上海的立法后评估制度也走在全国的前列；上海市人大还创立了"搁置审议制度"……这些立法上的先进技术和理念都为上海走在改革开放的前沿提供了保障。

扩大立法的公众参与是上海地方立法不断创新的重要方面。2001年5月18日，备受关注的《上海市中小学生伤害事故处理条例》举行立法听证会，这是第一次地方性立法采用听证会的形式听取公众意见，此后上海市公众参与立法的形式也在不断扩展。例如上海曾采用广播直播的方式创人大立法听证会之首例。2013年8月15日，上海市人大常委会正在就《上海轨道交通管理条例（修订草案）》进行立法听证会。会议全程通过广播电台，进行长达3小时的全程直播，受到市民的欢迎和广泛参与。

在《中国（上海）自由贸易试验区条例》立法时，也曾借力新兴媒体广泛征求社会意见。常委会在4月22日对条例草案进行一审，随后在本市各有关报纸、网站等媒体上全文发布草案，还在自贸试验区门户网站上同步发布，大大提高了读者对草案的知晓度，欧盟驻华代表团、欧盟商会等特别发来传真，提出了修改建议；英国驻上海总领事也转来意见。此外上海市人大法工委还采用"立法互动"现场征求意见。2014年5月13日，法工委借鉴国外立法"open house day"模式，在自贸试验区外高桥办事大厅，设立"条例草案征求意见点"，向现场的企业办事人员发放纸质草案全文。②

上海的立法程序也在不少方面走在了全国的前列。2014年召开的党的十八届四中上提出了立法可以"单独表决"，2015年3月新修改的《立法法》中规定

---

① 乔晓阳：《处理好立法与改革的关系》，载《中国人大》2014年10月刊。
② 林圻：《推进民主立法的又一次"破冰之旅"》，《上海人大》2014年第7期。

了单独表决的条件和程序,单独表决正式进入了全国的立法程序。1998 年修订的《上海市人大议事规则》第 69 条第 2 款已经规定了单独表决的程序。

还有上海的立法后评估制度,也走在了全国的前列。2005 年上海市人大法制委、人大常委会法工委将《上海市历史文化风貌区和优秀历史建筑保护条例》作为首次立法后评估的对象。

上海市人大还总结立法经验,创立了搁置审议制度。上海人大在立法审议制度上的创新,规定专门委员会或者常委会组成人员 5 人以上认为制定法规的必要性、可行性方面存在重大问题,可以提出搁置审议的动议,由主任会议提请常委会全体会议审议后表决。①

泱泱改革大潮还在继续,改革开放给上海带来了翻天覆地的变化,还将推动上海取得更大的辉煌。回首上海改革开放的历程,我们无限感慨这座城市正是在改革开放的进程中突破了发展的困局,实现了经济的腾飞。同时也要了解,改革开放带给这座城市的绝不仅仅是经济上的繁荣,更重要的还有法制的健全、法律思维的养成、法治环境的营造,这一切都是上海"飞得更高"的保障。改革开放对上海地方立法的影响还在继续,符合社会现实、顺应历史潮流的立法也必将推动改革开放的继续进行。

参考文献

［1］ 张友渔:《张友渔文集》(上、下集),法律出版社 1997 年版。

［2］ 刘松山:《当代中国立法与政治体制改革关系的演变》,《学习与探索》2012 年第 7 期。

［3］ 徐向华:《中国立法关系论》,浙江人民出版社 1999 年版。

［4］ 彭真:《论新时期的社会主义民主与法制建设》,中央文献出版社 1989 年版。

---

① 郑辉:《上海人大立法三十年:历程、经验、前瞻》,《人大研究》2010 年第 5 期。

苏州河与上海

吕翠凤

（上海电机学院马克思主义学院，副教授，上海 201306）

一、苏州河——上海市的母亲河、祖母河

所谓母亲河，是对人民世代繁衍、息息相关的河流的亲切称呼，它滋润大地、哺育人民，成为人类文明的摇篮。如长江、黄河常被称作中华民族的母亲河。在上海滋润和哺育如此灿烂文明的河流，恰恰不是黄浦江而是吴淞江。

吴淞江曾经是从江苏东南部流经上海最大的一条河流，古称"松江"。明初，吴淞江淤浅导致太湖流域洪水泛滥。（上海开埠以后，西方人因为可以溯江而上，直达苏州。就将北新泾到黄浦江段吴淞江唤作"苏州河"）

实际上，连上海的名称也得益于吴淞江。吴淞江下游南岸有一条河流叫"上海浦"，原南市区一带，上海之名即来源于此，与其对应的另一条支流，叫"下海浦"。清乾隆年间，在下海浦边（今唐山路、昆明路一带）建有一个下海庙。嘉庆年间重修，香火很盛。1930 年代，"下海庙"在日军侵华时遭毁。

但苏州河有其致命的缺点，即河道曲而多湾，明散文家归有光有话："古江蟠曲如龙形"。因而河沙逐年淤积，到了元代，苏州河就变成仅以一箭就可以射越而过的小河。明永乐元年，户部尚书夏元吉受命治水，他开挖了范家浜，上通上海浦，下通入海口，让太湖水由此入海，形成了今天的黄浦江。黄浦江水势日盛，终于从吴淞江的一条小支流变成了大主流，而原先江面开阔的吴淞江却渐渐变成了支流，史称"黄浦夺淞"。由于吴淞江较浅，船舶改停黄浦江边的十六铺，并在此基础上发展出了真正的上海城。如果说黄浦江是上海的母亲河。苏州河在"辈分"上早于黄浦江，可以称它为祖母河。

二、苏州河与上海的繁荣

即便上海今天的重心可能已经转移到黄浦江，但从上海城市的历史发展来

看,苏州河的地位无疑要比黄浦江高。从外滩源为何出现在黄浦江和苏州河的交汇点,从黄浦江的入海口为何叫吴淞口等,都可以看出苏州河的重要性。从对上海城市发展的影响来看,也是苏州河大于黄浦江,黄浦江早先是上海城市的边缘,浦东以前是乡下,所谓"西城东乡",而上海城市是沿着苏州河向西、向东、向南、向北逐渐发展的。另外,从文化渊源来说,苏州河也代表了上海的文化传统,它积淀了上海很长一段历史文化。

上海近代最早的修造船、面粉、棉纺织、丝织、化工、冶金机械,甚至水电煤器具的加工厂,都陆续出现在苏州河两岸。仅今上海普陀区范围内的苏州河岸线,就集中了数以千计的工厂,其中的纺织厂、面粉厂、火柴厂、印刷厂、化工厂、钢铁厂、造币厂、啤酒厂、减速机厂、帘子布厂、无线电厂、制药厂、石油化工机械设备厂等,都曾在上海乃至全国工业经济史上创下纪录。

人们也经历过从看到苏州河沿岸工厂烟囱冒出"黑牡丹"烟雾的欢呼雀跃(对工业文明的渴望),到看见"江水一年比一年浑浊稠厚,拍打防波堤的声音不觉降了好几个调。苏州河水污染臭味熏天,隔有一站路就嗅得见那气味,可直接做肥料的"。再到付出天价治理污染的过程。

这条祖母河伤痛都记录在上海人的心里。

(一) 上海的历史源头可以追溯到青浦的崧泽文化、青龙古镇

上海的历史源头可以追溯到青浦的崧泽文化、青龙古镇。青龙镇位于现在上海青浦的白鹤,唐天宝年间逐渐兴盛。苏州河流经青龙镇的一段支流被称为青龙江。青龙镇北临青龙江,东濒大海,"依海枕江,襟湖带浦",因其优越的地理位置而航运发达,成为江南地区内外贸易的最早港口。青龙镇的兴盛有赖于盛唐时期开放的国策,依托于苏州河优越的航运条件。这里贸易发达,中外交流频繁,佛教空前发展。现今,我们还能在古青龙镇一睹东南第一寺青龙寺兴旺的香火,并从保存完好的古青龙塔想象当年的佛教盛况。

(二) 开埠以后,苏州河开始了航运发展的"黄金时代"

康熙二十三年(1684 年),清政府开海禁,从而促进了对外贸易,也使上海内河航运有极大的发展。北洋、南洋、长江航运都与上海有货物往来。南北货、洋货纷纷从上海入港,沿苏州河过运河,入长江,运往内地各省。杭州、嘉兴、湖州、苏州、无锡、常州与上海更是航运关系紧密,通过苏州河南北物资迎来送往,从而造就了苏州河无可替代的枢纽地位。19 世纪中叶,上海刚刚开埠的时候,没有什么可供出口的物产,要弄到丝绸、茶叶、瓷器、土布,都要深入内地。此时,苏州河就发挥着巨大的作用,它可以进入苏州,又和大运河相连,这样就连通了五湖四海,使上海成为"水路辐辏""万商云集"的地方。

开埠以后,在上海的城市化进程中,由于突出的航运地位,苏州河开始了航运发展的"黄金时代"。此间民族内河轮运企业大量涌现,轮运航线广泛开辟。苏州河为上海的城市化作出了不可磨灭的贡献。

(三)矗立在苏州河两岸的众多优秀建筑就是上海近代城市化的见证

1843年中英《虎门条约》签订后,以英国为首的西方列强纷纷在上海建立租界。上海最初的租界沿苏州河东段两岸而建。租界的出现虽然给上海套上了殖民地的枷锁,但是也给上海城市的近代化带来了新的契机。租界在经过最初的混乱之后,开始了有条不紊的扩张。建设洋行、修建华人居所、拓宽道路、改造桥梁……近代城市粗具规模。租界的扩张,不仅直接造就了上海近代城市,其具有的示范效应,也产生了连锁反应,推进了华界的近代化建设,并从苏州河沿线向整个城市辐射。至此,上海进入了快速城市化的轨道。今天依旧矗立在苏州河两岸的众多优秀建筑就是上海近代城市化的见证。

(四)苏州河是上海民族工业的发祥地

苏州河畔老厂房——上海民族工业的起步。从1860年代起,外商开始在中国开设工厂,主要集中于苏州河以北和黄浦江西岸。这大大刺激了有识之士振兴民族工业的愿望。在"实业救国"的理想下,上海的民族资本开始发展起来。由于具有"通江达海、连接腹地"的航运优势,苏州河成为我国早期民族工业十分集中的地区。在西藏路以西苏州河沿岸,大量的厂房拔地而起。至1920年代,两岸有较大规模的纺织、面粉、榨油、机械制造等工厂数十家;至1949年,沪西工业区内工厂密布,各类工厂企业1 914家,许多企业在国内有着十分重要的地位。直至改革开放前,沪西工业区依然是上海重要的老工业基地,上海最重要的纺织工业集中区。因此苏州河是上海民族工业的发祥地。

(五)苏州河与海派文化

苏州河记录了上海近代演变为国际都市的辉煌历史;苏州河承载着上海城市的底蕴、城市的内涵、城市的记忆、城市的文化。穿梭在苏州河十八湾边的小弄堂里,你不小心就会发现一个别有洞天的艺术工作室;如果你住在礼查饭店,说不定那就是爱因斯坦当年曾经住过的房间。上海制剂厂的70米高的巨型烟筒,曾经因为又旧又丑被建议炸掉。但最终,它被保留下来并加以改造。变成了苏州河上一道亮丽的景观——"苏河烟雨"。

拥有苏州河21千米岸线,拥有苏州河畔近现代工业文明遗存20多处:杜月笙的粮仓成了环境工作室,原来的荣家面粉厂成了艺术博物馆……

海派文化是在中国江南传统文化(吴越文化)的基础上,融合开埠后传入的对上海影响深远的源于欧美的近现代工业文明而逐步形成的上海特有的文化现象。

海派文化既有江南文化(吴越文化)的古典与雅致,又有国际大都市的现代与时尚。区别于中国其他文化,具有开放而又自成一体的独特风格。

三、苏州河的污染和治理

众所周知,任何事情都有两面性,苏州河两岸经济繁荣的同时,也带来了很多负面效应。

(一)母亲河——苏州河的污染

上海开埠后苏州河沿岸工业得到迅速发展。这里运输成本低。苏州河与大运河连接。有长江和运河可达全国部分地区,向东出海后可通向全国主要港口、世界各国港口。上海开埠后,早期殖民者对商路有着异乎寻常的敏感,它的名称也是由于上海市区内的 17 千米吴淞江直接可以到达苏州而得名的。

过去此地非租界。上海著名的硫酸厂在 1875 年在租界当局限令搬迁,厂子搬到北岸——那里是华界,租界管不到。其他列强纷纷效仿。用水、排污方便。工厂需要水,其生活用水、工业废水乃至粪便,几乎直泻河道。从 1920 年代开始,河水被污染,程度逐步加剧。

苏州河的污染始于 20 世纪初。1920 年,苏州河部分河段第一次出现"黑臭"现象。据 1996 年上海市环境监测中心测试,苏州河上游的水质为五类水,而下游的水质远劣于五类水。苏州河的污染如此严重,它有六大污染源:

1. 沿岸未被合流污水一期工程纳入的工厂企业以及住宅小区排放的污水。

2. 沿岸码头,在装卸时散落和倾倒垃圾。

3. 市区 6 条主要支流流进苏州河干流的大量污水。

4. 包括支流在内每天约 5 000 艘游艇与河面的大小船只丢撒的生活垃圾、泄露的油污和排放的尾油,建筑泥浆船偷放的泥浆。

5. 上游来水携带的污染,其中,主要是工厂企业及农业、畜牧业的污染,村镇居民的生活污水及垃圾污水。

6. 雨水冲刷空气、屋面、林木、道路、农田等之后形成径流及城市下水道携带给苏州河的污染。

上海市河流污水治理一期,亦即苏州河合流污水工程于 1988 年 8 月奠基。7 年之后,市政府于 1995 年 12 月正式提出,要把苏州河作为"上海环保重中之重",开展全面综合治理。数以百亿元计的财力及大量的人力物力投向苏州河。

（二）"环境治理"向"生态修复"转型

在上海市委对十二五规划的建议中,要求贯彻"创新驱动、转型发展"的指导思想,加大环境保护和生态建设力度,加强河道整治和生态修复力度。对苏州河而言,其河滨生命,是自净能力,加上生态系统的全面恢复。苏州河整治将随着三期工程的完成而全面完成。

从治水理念上看,过去把苏州河治水看成是一个消除污染的负担,是一个被动、消极的过程。苏州河和上海其他河流,本来是大自然留给我们的珍贵遗产,在 1980 年代末开始陆续成了我们要花钱治理的巨大包袱。而在苏州河的生态修复阶段,我们必须把治水看成是人类与水体和谐共生、城市与自然和谐共存的必由之路,看成是城市生态景观建设的重要内容,是一个主动、积极的过程。上海城区这篇水文章做得好不好,直接关系到未来作为国际大都市,它所应该具有的城市公共空间内涵和形象。

从技术方法上看,延续近 15 年的苏州河治水采用的主要还是传统的技术方法,如物理方法、化学方法、生物方法等,往往存在耗能比较密集、产生二次污染、影响河流景观等问题。要真正做到由"环境治理"向"生态修复"转型须做到:

1. 消除有机污染,提高透明度,改善水质,达到"水清"。目前,苏州河虽然消除了黑臭,但水体还较浑浊、透明度不高、有机污染还存在,水质仅达到 5 类,要与泰晤士河比高下,以更好地满足国际大都市市民观水、亲水、傍水而居的要求。值得一提的是,由于苏州河两岸雨污水管网的不完善,雨水直接排河,导致了苏州河水质的晴雨两重天现象明显:晴时清、雨时浊。

2. 实现水生态与陆生态的自然联系和融合,达到"岸绿"。构建生态廊道。目前苏州河两岸大都是人工硬质护岸,形式单调,既影响了景观效果,又隔断了陆生态与水生态的联系。

3. 营造水生物的生息空间,达到"有鱼"(这"鱼",必须是河中土生土长的),逐步恢复生物多样性。苏州河以及上海不少城市景观河流,水生生物只有很少的几种,小鱼几条,若有若无。而且河中的鱼儿几乎全是"客鱼"。它们在河中到底能存活多久,尚存悬念,而要让它们在河中"生儿育女",更不容易。

4. 白莲泾是在现场展示世博的治水理念,而苏州河作为上海的母亲河,特别是北新径—外滩段,包含有更多的人文、历史内涵,它有故事。苏州河生态修复要"有完整故事",还应该注重人文的回归,注重人文生态的修复和归总。目前,普陀区结合水上旅游开发,向中外游人讲述了苏州河普陀段上的 18 个故事,但外白渡桥、四行仓库、邮政博物馆等非普陀段的"故事"则暂未纳入,所以目前苏州河历史、文化、旅游资源还呈现出"片断状态",整合还需假以时日。

随着苏州河治理的有序进展,换来了各方人士一片真诚赞叹。在 2005 日本爱知世博会上,苏州河综合治理工程成了中国人民首次获得"能源全球奖(水资源组)"殊荣的项目。2006 年 6 月,苏州河环境综合整治一期工程又荣获我国建设项目环境保护的最高奖项——"国家环境友好工程"奖。

总投资 31.4 亿元的苏州河治理三期工程已正式启动。到 2010 年世博会期间,上海市政府向世界人民展示了治理污染后的、有着小鱼儿跳的苏州河的瑰丽多彩。

四、苏州河的新生

网上有这样一段视频是关于"上海苏州河'重生'记:新生的苏州河,居民休闲好去处",记录了苏州河从污染严重、臭气熏天走向清新怡人环境的过程。分析这一过程,苏州河的新生是从以下几个方面得到恢复的。

(一) 营造苏州河旁浓郁的文化气息

许多专家反复强调:苏州河是一条承载着深厚历史文化积淀的特殊河流,必须充分兼顾它的自然与人文属性。

对苏州河的治理从"环境治理"向"生态修复"转型的同时,还应该营造河旁浓郁的文化气息。如何存留苏州河的人文生态,或曰社会历史文化,同样值得我们关注。

众所周知,在所有国际大都市中有资格称作"母亲河"的河流,无一例外都把功能定在了"文化"上。而现在苏州河两岸,历史文化留痕已经明显淡去,倒是匆忙地被加上了许多商业负担,河上的大型活动越来越频繁,但每次活动之后,河岸河面就都会产生许多垃圾。尤其是两岸的一些商业楼盘,往往在开发房产的同时,在河边建造了不少商业气息浓重的"文化设施",来增添"人气"、吸引买主。这种做法,眼前可能会给河道增加一些所谓的"亮色",但从长远看,它给苏州河文化造成的硬伤,可能会难以愈合。

我们应该使苏州河成为一条与国际一流都市身份相匹配的生态之河、文化之河、和谐之河,使我们的"母亲河"能够光彩照人地出现在世人面前。

在抓紧治理污染、修复自然生态的同时,还努力保护与构建了苏州河的人文生态系统。

(二) 精心规划、突出重点,打造生态、人文苏州河

从 2002 年至今,上海市规划局相继组织编制了与苏州河有关的专项规划。2004 年 5 月,普陀区编制完成《长风地区控制性详细规划》。2008 年,完成《苏州

河(普陀区段)城市规划》。在规划的引领下,在苏州河不同节点布置面积大于3 000平方米块状公共绿地11块,苏州河沿线建筑后退由20米至40米,确保了滨河景观建设有一定的空间、并使滨河公共空间连续开放。

突出重点,精心打造亲水岸线景观。苏州河流经上海市区14千米,岸线长21千米,蜿蜒曲折,形成了18个自然河湾。从1980年代初开始,坚持不懈推进和加强苏州河及沿岸的污染治理、规划调整、旧城改造、产业更新、景观建设、遗产保护和文化发展。经过20多年实施苏州河沿岸人居环境改善工程,使昔日"又破又大"的老城区已焕发出新的生机与活力。改造前后的对比已经出现了生态与人文效应共赢的局面。

亲水宜居。伴随着上海工业化的发展,人口的集聚和城市的勃兴,城市无法消解的糟粕曾经不停地沉积于河道之中,使河水逐渐变成沥青色,水面散发出恶臭。沿线原来分布着大量的环卫、内河航运码头,主要用于运输环卫垃圾、粪便、建筑材料等,不仅导致了严重的河道污染,而且造成两岸脏、乱、差的局面。通过市、区联手投入大量的人力、财力和物力进行整治,苏州河由原来的水域黑臭、两岸脏乱,变成了河水清澈、鱼儿重现、鸟语花香,人居环境变优美。

旧城新貌。1990年代,三湾一弄、两湾一宅在上海"赫赫有名"。多少年来,这里的居民使用马桶和煤球炉,挤在狭小的空间里生存,人均住房面积仅3平方米左右。而今,昔日的危棚简屋,已改建为崭新的亲水住宅,人均住房面积也达到30平方米左右。清水湾、"半岛花园"等为代表的居住区成为苏州河宜居生态的新典范。

老厂新生。在项目的推进过程中,通过对历史保护性建筑采取"修旧如旧"的方式以延续"海派风格"的城市文脉。大批工业厂房被打造为独具魅力的文化创意产业园区。如上海火柴厂旧址改建为长风游艇游船馆、视觉艺术馆、商标火花收藏馆。上海春明粗纺厂(信和纱厂)改建为上海M50创意园(35.45亩),并被评为国家3A级旅游景区、国家工业旅游示范点。

城市名片。以苏州河观光游览项目贯穿沿河各段历史、文化、自然景观,打造商旅文结合新亮点及城市新名片,全方位地向游客展示上海的历史、文化底蕴和沿河城市风貌,使昔日的工业长廊变成了观光旅游之河。

坚持可持续发展的理念,打造生态河道、注重水岸文化与水岸经济的交融,在政府加大对基础设施、环境整治等投资力度的同时,引导企业、社会参与苏州河文化创意产业和旅游业的发展,以水岸经济繁荣来展示苏州河的文化魅力,实现生态效应和社会效应、人文效应的共赢。苏州河作为上海市的母亲河或者说祖母河,达到生态和人文效应的共赢,是上海市一道不可或缺的亮丽的风景线。

台湾高校通识教育及对上海高校通识教育发展的借鉴

马秀春

（上海电机学院马克思主义学院，讲师，上海 201306）

一、台湾高校关于"通识教育"理念的发展路径

中国台湾高校"通识教育"的发展一路走来艰辛坎坷，一方面，近代以来在世界范围盛行的工具理性对教育的渗透，使得大学的功利主义倾向加剧，这种功利主义同样也侵蚀着台湾的高等教育，在这种背景下，大学专业的划分愈加细化，学生也更局限于专业领域的学习，学生全面素质的提升成为日益严重的问题；另一方面，战后台湾的高等教育处处弥漫着政治压制的气息，教育的自主性基本丧失。于是，众多有识之士开始了"通识教育"之路的艰辛探索，一般认为，台湾高校通识教育的发展历程基本经历着以下三个时期：

（一）萌芽起步时期（1956—1984 年）

1956 年 7 月，由美国基督教会所创办的私立东海大学，向教育主管部门呈报核准试行"宏通教育（general education）"，其理念为"使学生对自然界、社会以及人生能做综合性的了解，以促成其对整个文化的基本认知和全人格的发展……专门与通才，互相裨益"，教育主管部门建议改为"通才教育"。1956 学年度，东海大学正式实施"通才教育"，这是台湾以通识教育作为高校教育理念的开端。进入到 1970 年代，台湾清华大学在沈君山教授等人试图积极推动通识教育课程的实施，但由于社会环境等原因，最终没能成功。1981 年，虞兆中教授任台湾大学校长，开始在台湾大学大力推动并实施通识课程，但最终随着虞校长的离任，通识教育当时在台大也仅昙花一现。总的看来，台湾的大学在 1984 年之前，通识教育只是作为少数学校的特色教育而存在。

（二）弘扬发展时期（1984—1994 年）

1984 年，台湾教育主管部门发布《大学通识教育选修科目实施要点》（以下简称《实施要点》），要求各大学于发布《实施要点》当学年开始实施，主要在"文学

与艺术""历史与文化""社会与哲学""数学与逻辑""物理科学""生命科学""应用科学与技术"等七大学术范畴内开授各种选修科目,并要求各学校至少开设4—6学分的通识课程,从此,台湾高校通识教育课程便得到全面开展。同时,各高校还陆续设置负责协调推动通识教育课程的专门机构,比如"通识教育中心"等类似部门。1989年,台湾教育主管部门发布"大学共同必修科目表",一改以往学科分类,而以"课程领域"来设计,将通识课程纳入共同必修科目中,并将原定4—6学分提高到8学分。1992年,台湾教育主管部门发布"大学共同必修科目表实施要点",再次整合共同必修和通识选修。之后,台湾教育主管部门继续召开校长会议,决定将各校共同必修和通识必修学分合计起来不得低于28学分。1994年,"台湾通识教育学会"的成立及其《通识教育季刊》等期刊的陆续创办,更是宣告了台湾高校通识教育进入全面发展的时期。

(三)深化改革时期(1995年至今)

1995年,台湾教育主管部门废除有关共同必修科目的规定,自此以后,台湾高校通识教育课程的规划,改由各高校自行安排,教育主管部门则授权各学校依其办学理念自行规划共同必修科目,台湾通识教育的实施又进入一个新的时期:各高校不仅重新规划学校共同科目和通识课程,以便充分体现通识教育的理念,学分上也从6—8学分提升到28学分。另外,台湾"教育改革委员会"推动制度改革、修改大学法、入学管道多元化、开放大学设立于专科改制等,台湾的大学教育逐渐由精英教育向普及教育转化;台湾教育主管部门还组团赴美国10多所大学考察通识教育的状况。从1998年起,台湾教育主管部门委托通识教育学会办理"校院通识教育评鉴",评鉴活动继而引起台湾各高校对通识教育的进一步重视和发展。

总的说来,台湾高校教师对通识教育的理念,普遍认知为是对学生的"全人教育",这种全人教育是文理兼备的,要有科学精神和人文精神的有机融合。

二、台湾代表性高校通识课程的设置情况

由于各高校的历史背景不一,对通识教育的理念认知也有差异,在有差异的理念认知下,各高校的通识课程设置也不尽相同。本文关于台湾的高校通识课程设置情况分析,选取各地区有代表性的高校即学校科系齐全的综合性大学和科系专业有限的技职类院校:台湾大学和嘉南药理大学。前者为台湾在通识教育理念最早落实在课程设置方面并发展成熟的重点综合性大学,后者为台南一所典型私立技职类院校。

(一) 台湾大学的通识课程设置情况

台湾大学在 1981 年,虞兆中校长提出"通才教育为办学理念"。在该理念指导下,1983 年 8 月,"通才教育工作小组"召集人郭博文教授等提出《"十三门选修课程"计划报告书》,并尝试试行,但因条件不够成熟,最终无法全面落实。直到 1996 年度,在相关行政单位和教学单位的共同配合下,台湾大学正式实施通识教育课程,其主要形式为核心课程模式,具体可分为"文学与艺术""历史思维""世界文明""哲学与道德思考""公民意识与社会分析""量化分析与数学素养""物质科学""生命科学"八大领域。课程开设的师资主要有两种方式来源,一是经共同教育中心课程委员会讨论通过后,由共教中心主动邀请并商请相关系所聘任校外学者专家开授,或邀请本校教师开授;二是本校教师自行申请,由系所、院课程委员会及共教中心审议通过后开授。同时,共教中心会视情况需要邀请学生代表列席,提供具体意见。

(二) 嘉南药理大学的通识课程设置情况

嘉南药理大学通识教育中心的前身为共同科,负责教授国文、英文、"国父"思想、体育等教育主管部门订定共同必修的基础性课程。1996 年,因应本校升格为学院,特成立通识教育委员会,由教务长担任主任委员,负责规划督导通识课程之开设事宜,并将通识课程区分为人文艺术、社会科学、自然科学、休闲保健等四类。

2000 年该校改名为科技大学后,将人文社会教育中心更名为通识教育中心,负责执行通识教育委员会的决议,规划安排全校各系之通识课程,并与专业课程呼应,提升本校学生人文素养及专业知识。目前,嘉南药理大学的通识课程共 32 学分,分为"核心通识"和"发展通识"两大类。其中,核心通识课程需修 20 学分,重点为提升学生的语文与信息能力,增进对台湾民主法治与历史文化的认识,主要分为"国语""大学英文""计算机软件应用""民主法治与生活""台湾历史与文化""运动体能"六大领域;发展通识课程需修 12 学分,着重在于培养学生科际整合的能力,主要分为"人文素养""艺术文化""社会伦理""健康生命""三创发明(创新/创意/创业)""自然科技"六大领域。学生在选修通识课程时候必须在每个领域选修至少一个科目。

任何一种教育理念最终都要在课程设置上体现出来,而课程的设置最终要能得到落实才有意义,台湾高校的通识课程的实施情况如何要看它是否有足够的保障性资源。

无论是作为台湾重点综合性大学代表的台湾大学,还是对于科系、专业不太齐全的技职类院校,都有专门设立通识教育中心负责通识课程的制定与执行,也有教育主管部门的重视和引导。不仅有公众的通识交流平台,诸如"通识教育学会""台湾通识网"等交流平台,台湾当局为了推进通识教育,还特地通过网络举办了"国家通识教育讲座",以使更多学生有机会聆听名家思想。

同时,台湾基本每个高校都会针对大一新生举办通识课程的引导类的讲座或培训,制定完整的课程地图,让学生能有较大自主性和针对性去选择真正适合自己的通识课程。

在通识核心课程的开设方式上,灵活多样;在通识课程的讲授方式上,也不仅是传统的授课方式,而是采取课堂讨论、学生亲身实践、体验等方式开展;可以开设课内上课的课程,也可有课外实践的课程。

当然,相对科系、专业齐全的综合类大学,科系、专业不太齐全的技职类院校在具体课程设置的推进中,由于缺乏足够的各专业教师资源,往往会有较多课程最终无法开授。

三、台湾高校通识教育对上海高校通识教育发展的启示

台湾的高校,普遍来说,重视通识教育,其课程设置离通识教育的本质接近。但它们也存在一个非常严峻的现实困境,即学生不能发挥其主观能动性进行选择和学习,如何有效激励学生愿意主动选择学习通识课程,是台湾高校都应亟须思考的问题,也是上海高校通识教育未来发展要认真思考和关注的问题。围绕该问题,可以从以下方面展望台湾高校通识教育的发展,启示上海高校未来的通识教育发展过程应该注意的方面:

1. 明晰、简洁通识课程地图。课程地图是为了让学生进入大学之后能有学习的整体方向,并且提供学生规划 4 年修课的参考。对于还没或刚刚起步发展通识教育的高校,需要尽快制定通识课程地图,以更好引导学生把握通识课选择的主动性及有效性;对于已经制定课程地图的院校,可以根据学生实际情况制定更加有针对性、更贴近学生生活的课程地图。

2. 完善学校选课机制、改进教育管理机制。针对通识课程发展较为成熟的院校,仍存在某热门课程因选课学生太多而无法选上课,很多学生因为不得已选择自己所不感兴趣的课程,只有尽快调整完善学校选课机制,才能改善此类现象,学生的学习会更有原始动力;而对于通识课程还没规模化开展的院校,在发展过程中更应吸取经验教训,直接制定完善的选课机制。

3. 及时更新通识课程内容和方式。比如,在教学内容上可增设品格教育、生命教育、STS(科学/技术/社会)等相关课程;教学方式上可更多运用 PBL(以

问题为基础的学习)等教学法,以增强学生的参与感,更好提升学生的积极主动性。

4. 加强通识跨域整合思维。因为课程,尤其是通识课程是很多教学因素的共同呈现体,好的课程需要很多配套加以支撑。跨域整合除了要促进教师教学负担的合理性、增进教学资源的有效使用和积累,很多崭新的事物就是在这种跨领域连接中生成,这种跨域整合思维对于科目专业不齐全、教师资源不均衡的院校更加有意义。

正如台湾嘉南药理大学师生对通识教学课程的未来展望:透过全方位的通识课程与活动,提供美感教育与多元学习,激发学生"创意脑",进而提升软实力。也期望每一门通识课程都成为嘉药学生心目中的优质课程;每一场演讲、每一个活动都能感动、启发嘉药人,助其发掘宇宙的真、心中的善与生命的美,在属于自己的时代活出人生的精彩与价值。

针对上海目前大多数高校通识教育的具体情况,即通识教育理念主要通过公共基础课和公共选修课两种类型的课程体现,前者主要包含"马克思主义基本原理概论""思想道德修养与法律基础""中国近现代史"等思想政治理论课,后者主要包括文学鉴赏、哲学与生活、心理健康、职业规划等课程。我们不仅需要有以上关注的方面,也应有一些更具针对性的事宜值得关注:

1. 从通识课程设置的教育目标看,考虑到社会需求和学生个人发展,台湾高校的通识教育更注重"平衡性",正如台湾大学校长陈维绍说的"在即将迈进的21世纪,大学应该认真审视平衡这个原则,即在诸如民族化与国际化、专门教育与普通教育、自然科学与人文科学等问题上去找到平衡点";而目前上海高校普遍在通识教育目标上更重视"基础性",即强调基本的文化素养的养成,注重人文科学教育等。

2. 从通识课程的教学内容看,应着力主张改革,并努力为探索更加符合现代教育的教学内容而设置相关课程或者开设相关专题讲座等,并且各自的课程内容都与各自的教育目标紧密相连。

3. 从通识课程实施的保障性资源看,台湾从教育主管部门到各高校主要领导,对通识教育理念及教学目标都有较高、较明确的理解和认知,并在次目标下建构了组织严谨的课程体系;而上海很多高校通识教育仍缺乏清晰的理念设定、课程体系中公共基础课的比例仍旧较大,自主创新的空间有限,因而更难达到预设目标。另外,台湾高校较为注重正式课程的统合和多元化研究,在非正式课程中较为突出校园文化、建筑、设施等;而上海高校的通识教育在课程实施上普遍更加注重形式化。

参考文献

［1］ 杨东平：《通才教育论》，辽宁教育出版社 1989 年版。

［2］ 哈佛委员会著，王承绪译：《哈佛通识教育红皮书》，北京大学出版社 2010 年版。

［3］ 张寿松：《大学通识教育课程论稿》，北京大学出版社 2005 年版。

［4］ 潘懋元、高新发：《高等教育的素质教育与通识教育》，[J]《北京煤炭高等教育》2002 年第 11 期。

［5］ 李曼丽：《通识教育——一种大学教育观》，清华大学出版社 1999 年版。

［6］ 柳丽华、曹守亮：《试论中国近现代史上的通识教育》，《山东大学学报》（哲学社会科学版）2002 年 5 月。

［7］ ［美］约翰·亨利·纽曼著，王承绪译：《大学的理想》，浙江教育出版社 2001 年版。

［8］ ［美］克拉克·科尔著，王承绪译：《高等教育不能回避历史——21 世纪的问题》，浙江教育出版社 2001 年版。

［9］ 黄俊杰：《大学通识教育的理念与实践》，台北：乐学书局 2009 年版。

［10］ 黄俊杰：《全球化时代的大学通识教育》，北京大学出版社 2007 年版。

［11］ 台湾地区教育行政主管部门官方网站：http://www.edu.tw。

［12］ 上海市教委官方网站：http://www.shmec.gov.cn。

上海女性戒毒人员群体法社会学分析
——以783名女性强制隔离戒毒人员为样本

邵玉婷

(华东政法大学研究生教育院,博士,上海 201620)

联合国发布的《2015年世界毒品报告》显示,2013年,在全球15—64岁人群中,约有2.46亿人在使用非法药物,其中,约2 700万人是问题吸毒者,即患有吸毒病症或吸毒成瘾。国家禁毒委公布的《2015中国禁毒报告》数据显示,全国累计登记吸毒人员295.5万名,其中,滥用阿片类毒品人员145.8万名、滥用合成毒品人员145.9万名,分别占49.3%和49.4%;全年共查处吸毒人员88.7万余人次,新发现登记吸毒人员46.3万余名,强制隔离戒毒新收26.4万余人次,社区戒毒社区康复新报到12.4万余名,全国3年未复吸人员达到100.8万名,各项数据同比均有大幅增长。[①]

《禁毒法》是我国禁毒工作领域的基本法律,它的颁布、施行,标志着我国禁毒工作步入法制化的轨道,对于维护社会治安、打击毒品违法犯罪、深化禁毒斗争成果,都具有重大而深远的意义。本课题以783例上海女性强制隔离戒毒人员为例,运用法学、社会学、心理学、医学等研究方法对戒毒法律体系、戒毒人员群体的生理、心理、社会功能特性进行梳理与剖析。

一、《禁毒法》对戒毒工作体系的制度设计

(一)《禁毒法》立法背景

近年来,在境外特别是"金三角"地区的毒品,流入我国境内及国内制贩毒品特别是新型毒品的违法犯罪活动呈上升趋势,国内吸毒人员规模不断扩大,并因此导致艾滋病等多种严重传染疾病的扩散,毒品泛滥成为一个不容忽视的社会和法律问题。我国原有的禁毒工作中凸现的弊端掣肘了打击毒品违法犯罪尤其

---

① 国家禁毒委公布《2015中国禁毒报告》,人民网 http://legal. people. com. cn/n/2015/0325/c42510 - 26749292. html,访问日期:2016年8月10日。

是戒毒工作的客观现实需要,这主要体现在:

1. 在戒毒法律规范层面,令出多门,且法律位阶低。有关禁毒、戒毒的规定散见于《治安管理处罚法》《全国人大常委会关于禁毒的决定》《国务院强制戒毒办法》等法律规范之中,从法律位阶上看主要是行政法规和政府规章,位阶较低,更为重要的是缺乏一部统一的上位法的指导与支撑。

2. 在戒毒工作的实践操作层面,不同的戒毒措施分别依据不同的法律规范由不同的主体操作,彼此之间缺乏有机的协调与衔接,没有形成统一的体系,在一定程度上不利于集中优势资源提高戒毒的效果。[①] 在这一背景之下,《禁毒法》2007 年 12 月 29 日由第十届全国人大常委会第三十一次会议通过,并于2008 年 6 月 1 日起正式施行。

(二) 立法创新与调整

《禁毒法》在原有基础上对戒毒工作进行了重大调整与规划。

1. 《禁毒法》继续坚持了吸毒属于违法行为而非犯罪行为的法律定性。依据这一认识,《禁毒法》淡化了对吸毒人员的惩罚色彩,强调对吸毒人员的教育、治疗和康复,更加理性地采取各种措施提高戒毒的效果,帮助吸毒人员更加科学地戒除毒品。

2. 《禁毒法》在参考借鉴其他国家和地区有益经验及我国原有戒毒工作模式和资源的基础上,创设了强制隔离戒毒、社区戒毒等措施,并辅之以康复、药物维持治疗等多种手段,从而形成了以社区戒毒、自愿戒毒、强制隔离戒毒三大措施为主体,社区康复、戒毒康复、戒毒药物维持治疗等为辅助的新戒毒体系。

3. 加强了不同戒毒模式之间的协调与衔接,尤其是基本合理地衔接起社区戒毒与强制隔离戒毒,并将强制隔离戒毒紧密对接起社区康复,使得场所、社区戒毒资源得到更优化的配置。

(三) 强制隔离戒毒法律属性分析

1. 吸毒行为的自然属性认识。吸毒即"药物滥用/依赖"俗称,指长期非医疗目的使用成瘾药物,产生一系列不良后果,吸毒者对成瘾药物产生强烈心理渴求和强制性用药行为。[②] 吸毒行为给人体机能带来的最大损害则是其成瘾性,根据 WHO 专家委员会的定义,是指出药物与机体相互作用所造成的一种精神状态,有时也包括身体状态,表现了一种强迫性的或定期用药的行为和其他反

---

① 司法部预防犯罪研究所课题:《戒毒康复中心建设研究报告》,《犯罪改造研究》2008 年第 10 期。
② 赵敏:《科学认识吸毒问题》,《痛击毒魔 禁毒理论与实践》,上海社会科学院出版社 2006 年版,第 47 页。

应,为的是要体验它的精神效应,有时也是为了避免由于断药所引起的不舒服感。可以发生或不发生耐受性。同一人可以对一种以上的药物产生依赖性。[①]随着现代医学科学的发展,对药物依赖(即吸毒)的病因和发病机制的研究不断深入,人类逐渐认识到吸毒行为背后复杂的生理、病理基础:吸毒是一种慢性复发性脑病。消除吸毒者身体依赖比较容易,而如何解决精神依赖性,则是一个复杂、困难的问题。精神依赖性是吸毒的心理动因,也是导致复吸的基本原因。[②]因而,一个完整的戒毒治疗应包括脱毒治疗、康复治疗和回归社会三个阶段。脱毒治疗是戒毒过程的第一步,是对躯体戒断症状的治疗,为进一步康复创造条件。脱毒治疗只能基本解除躯体对毒品的依赖性,改善生理症状,但对心理、行为异常并未予以彻底干预,成瘾者对毒品的欣快感仍未消退,对毒品仍存在着强烈的心理渴求,必须在脱毒治疗之后积极介入心理治疗、行为矫治、身体康复和社会回归能力训练等多方面综合戒毒措施。

2. 戒毒措施的法律属性分析。医学临床研究表明,虽然最开始吸毒是个体自愿选择的行为,但是一旦吸毒成瘾,大脑和肌体会发生一系列复杂的病理改变,对毒品的渴求已非吸毒者主观意志所能控制。

由于对吸毒行为和戒毒生理、心理过程认识上的偏差,传统的法律文化认为吸毒是违法行为,吸毒者是社会的寄生虫,它们诱发了治安、刑事案件,扰乱了社会秩序,因而,戒毒工作更多侧重于对吸毒人员的依法惩处、严格管理与强制性教育改造,而对吸毒人员生理、心理治疗和身体康复以及回归社会则关注较少。

从法律性质上看,强制隔离戒毒是一种比较典型的行政强制措施。政府采取强制隔离措施目的在于帮助吸毒者戒除毒瘾,因此,在毒瘾被戒除前,吸毒者都必须在指定的场所内接受强制戒毒的各种生理、心理治疗与康复训练。

(四)强制隔离戒毒的规范性分析

1. 强制隔离戒毒的适用范围。《禁毒法》第三十八条规定:"吸毒成瘾人员有下列情形之一的,由县级以上人民政府公安机关作出强制隔离戒毒的决定:(一)拒绝接受社区戒毒的;(二)在社区戒毒期间吸食、注射毒品的;(三)严重违反社区戒毒协议的;(四)经社区戒毒、强制隔离戒毒后再次吸食、注射毒品的。对于吸毒成瘾严重,通过社区戒毒难以戒除毒瘾的人员,公安机关可以直接作出强制隔离戒毒的决定。吸毒成瘾人员自愿接受强制隔离戒毒的,经公安机

---

① 绍六著:《成瘾性》,中国社会出版社1997年版,第5页。
② 顾慰萍、刘志民主编:《毒品预防与管制》,经济科学出版社1997年版,第37页。

关同意,可以进入强制隔离戒毒场所戒毒。"

《禁毒法》第三十八条通过列举式与概括式相结合的立法技术(包括第三十九条对孕妇、哺乳自己不满一周岁婴儿的妇女、不满十六周岁的未成年人的特殊规定)基本涵盖了强制隔离戒毒的适用情形和人员范围。

2. 强制隔离戒毒人员的戒毒治疗与管理。《禁毒法》第四十二条—四十六条对强制隔离戒毒人员在戒毒期间管理、生理、心理治疗和身体康复等内容予以了原则性和指导性的规划。根据上述法律条文的规定,对强制隔离戒毒人员的法定措施和制度主要包括以下几个方面:(1) 身体、物品检查。戒毒人员进入强制隔离戒毒场所戒毒时,应当接受对其身体和所携带物品的检查。(法律依据:《禁毒法》第四十二条)强制隔离戒毒场所管理人员应当对强制隔离戒毒场所以外的人员交给戒毒人员的物品和邮件进行检查,防止夹带毒品。(法律依据:《禁毒法》第四十六条第二款)(2) 戒毒治疗和身体康复训练。强制隔离戒毒场所应当根据戒毒人员吸食、注射毒品的种类及成瘾程度等,对戒毒人员进行有针对性的生理、心理治疗和身体康复训练。(法律依据:《禁毒法》第四十三条第一款)(3) 劳动生产及技能培训。根据戒毒的需要,强制隔离戒毒场所可以组织戒毒人员参加必要的生产劳动,对戒毒人员进行职业技能培训。组织戒毒人员参加生产劳动的,应当支付劳动报酬。(法律依据:《禁毒法》第四十三条第二款)(4) 分别管理。强制隔离戒毒场所应当根据戒毒人员的性别、年龄、患病等情况,对戒毒人员实行分别管理。(法律依据:《禁毒法》第四十四条第一款)(5) 患病(残疾)人员管理。强制隔离戒毒场所对有严重残疾或者疾病的戒毒人员,应当给予必要的看护和治疗;对患有传染病的戒毒人员,应当依法采取必要的隔离、治疗措施;对可能发生自伤、自残等情形的戒毒人员,可以采取相应的保护性约束措施。(法律依据:《禁毒法》第四十四条第二款)(6) 医疗、药品管理。强制隔离戒毒场所应当根据戒毒治疗的需要配备执业医师。强制隔离戒毒场所的执业医师具有麻醉药品和精神药品处方权的,可以按照有关技术规范对戒毒人员使用麻醉药品、精神药品。(法律依据:《禁毒法》第四十五条)(7) 探访、探视制度。戒毒人员的亲属和所在单位或者就读学校的工作人员,可以按照有关规定探访戒毒人员。戒毒人员经强制隔离戒毒场所批准,可以外出探视配偶、直系亲属。(法律依据:《禁毒法》第四十六条第一款)

3. 强制隔离戒毒期限及诊断评估。《禁毒法》第四十七条规定,强制隔离戒毒的期限为二年。执行强制隔离戒毒一年后,经诊断评估,对于戒毒情况良好的戒毒人员,强制隔离戒毒场所可以提出提前解除强制隔离戒毒的意见,报强制隔离戒毒的决定机关批准。强制隔离戒毒期满前,经诊断评估,对于需要延长戒毒期限的戒毒人员,由强制隔离戒毒场所提出延长戒毒期限的意见,报强制隔离戒毒的决定机关批准。强制隔离戒毒的期限最长可以延长一年。

上述法律规范构成了强制隔离戒毒工作的基本制度体系,但同时,需要关注的是强制隔离戒毒的有关制度设计还需要与其他相关法律规范进行对照配套,从而勾画出整个强制隔离戒毒领域中的公权力使用和公民权利保障的基本格局。

表1 强制隔离戒毒法定制度操作性对比分析表

序号	法定制度、措施	法定依据	涉及的衔接法律
1	适用范围、条件	第38条	
2	身体、物品、邮件检查	第42条	《宪法》《民法通则》
3	生理、心理治疗和身体康复训练	第43条第1款	
4	生产劳动、劳动报酬	第43条第2款	《劳动法》
5	性别、年龄、患病等情况分别	第44条第1款	
6	有严重残疾、疾病戒毒人员的看护治疗	第44条第2款	《残疾人保障法》
7	患有传染病戒毒人员的隔离、治疗	第44条第2款	《传染病防治法》
8	医疗设施、药品管理	第45条	《执业医师法》 国务院《麻醉药品和精神药品管理条例》
9	探访、探视制度	第46条	
10	诊断评估机制	第47条	

二、783例女性强制隔离戒毒调查

在吸食、注射毒品的行为影响下,吸毒人员群体在认知、行为方式、人际交往等方面往往具有一定的普遍性特征,形成一个吸毒群体的亚文化型。通过对783名女性强制隔离戒毒的调查,分析女性戒毒人员的群体特点。

(一) 调查对象及方式

以783名女性强制隔离戒毒为分析样本,在这一人群中开展层层递进的系列调查,通过平面的基本信息对比分析和纵深涉毒信息立体分析把握女性强制隔离戒毒人员群体基本构成和特征。信息收集与分析的主要工具包括:1. 自拟

《强制隔离戒毒人员调查问卷》;2. 卡特尔 PF16 人格测试量表心理筛查。

（二）人员信息收集与分析比对

通过基本信息的分析,我们发现女性强制隔离戒毒人员呈现出以下特征:

1. 婚姻状况。已婚 230 人,占总人数的 29.4%,离婚 146 人,占总人数的 18.6%,未婚 398 人,占总人数的 50.8%,丧偶 9 人,占总人数的 1.1%。

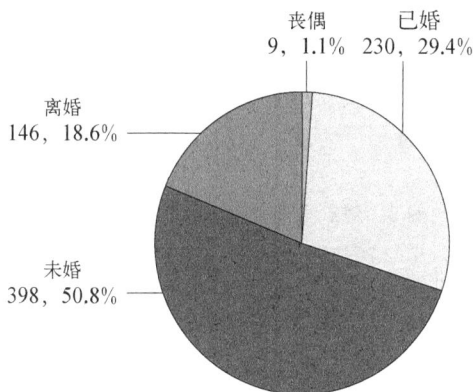

丧偶
9,1.1%　已婚
230,29.4%

离婚
146,18.6%

未婚
398,50.8%

图 1　女性强制隔离戒毒人员婚姻状况

2. 年龄状况。50—59 岁 42 人,占总人数的 5.4%;40—49 岁 161 人,占总人数的 20.6%;30—39 岁 298 人,占总人数的 38.1%;20—29 岁 260 人,占总人数的 33.2%;17—19 岁 22 人,占总人数的 2.8%。

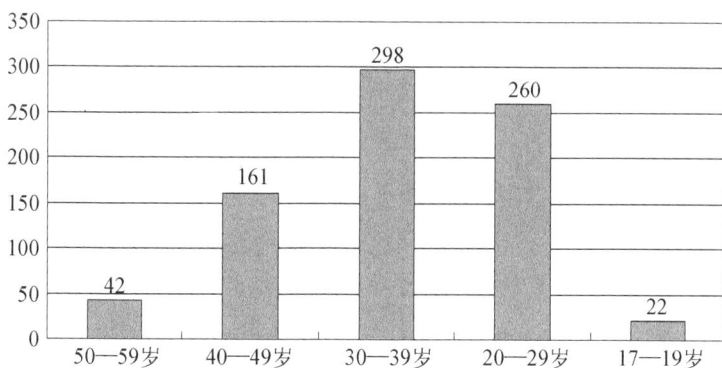

图 2　强制隔离戒毒人员年龄结构图

3. 文化程度(其中 1 人未注明)。文盲 13 人,占总人数的 1.7%;小学 79 人,占总人数的 10%;初中 472 人,占总人数的 60.3%;高中 147 人,占总人数的 18.8%;中专 58 人,占总人数的 7.4%;大学 3 人,大专 7 人,技校 3 人。

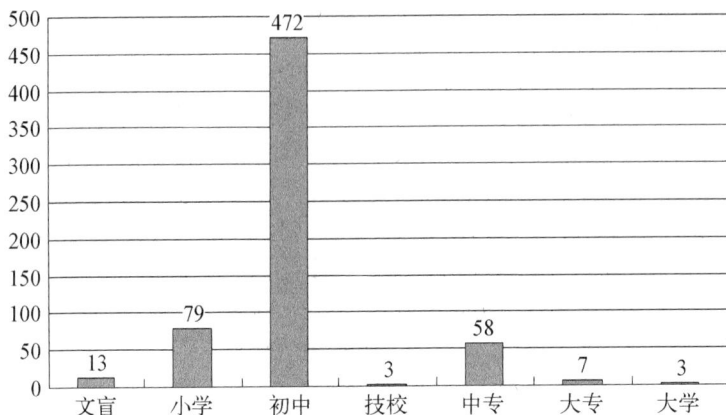

图3 强制隔离戒毒人员文化结构图

4. 就业状况。无业待业人员 756 人,占总人数的 96.6%,就业人员 27 人,占总人数的 3.4%。

以上数据分析显示:

(1) 女性强制隔离戒毒人员的婚姻、家庭稳定性差。与一般人群相比,戒毒人员的结婚率偏低,而离婚率则显著偏高,未婚同居现象比较普遍。社会学理论认为,婚姻家庭与人的发展密切相关,它是人的存在的一种社会形式,是个人与社会的一种中介。[①] 而婚姻、家庭关系的不稳定在一定程度上影响着个人身心的健康发展。司法部预防犯罪研究所"吸毒违法行为预防与矫治"课题组的调查指出,吸毒女性组中家庭成员和家属吸毒的比例明显高于男性组,女性组配偶和恋人吸毒的比例接近有效个案的一半,合计比例达到 48.15%,而男性组的同类比例仅有 7.09%,相差极为悬殊,这说明女性吸毒者更容易受到不良家庭环境的影响。[②]

(2) 女性强制隔离戒毒人员的社会适应能力、生存能力比较差。从文化程度、就业状况两个参数上看,戒毒人员文化程度普遍偏低,初中以下文化占了群体比例的绝大多数,这一定程度上反映了女性戒毒人员在社会生存、就业上的竞争力比较低。此外,从调查数据看,无业、待业人员占据 90% 以上的比例,即使就业人员,其就业范围亦主要分布在临时工、个体户、服务员等领域,就业稳定性比较差。

---

① 马俊峰:《人的全面发展与婚姻、家庭、社会的辩证关系——评〈婚姻家庭与人的发展问题研究〉》,《中共青岛市委党校青岛行政学院学报》2008 年第 4 期。

② 姚建龙:《对女性吸毒问题的探讨》,《青少年犯罪问题》2001 年第 6 期。

（3）年龄呈现 U 型结构,两头延展,中间充实。《禁毒法》对强制隔离戒毒人员的年龄范围未作明确界定,仅对不满 16 周岁的未成年人吸毒成瘾作了例外规定,即"可以不适用强制隔离戒毒"。调查中数据显示,20—29 岁、30—39 岁两个年龄段占据了参调人员的绝大部分,这一年龄段的女性正处于孕育生命、开创事业的人生黄金期,同时也是生理、心理压力和社会、家庭负担最为沉重的年龄段。

（三）涉毒信息分析

1. 首次吸毒年龄。62%的戒毒人员第一次吸毒年龄为 18—30 岁,30—40 岁开始吸毒的人员占 21%,11%的戒毒人员则在 18 岁之前开始接触毒品,40—50 岁年龄段接触毒品的人占 5%。

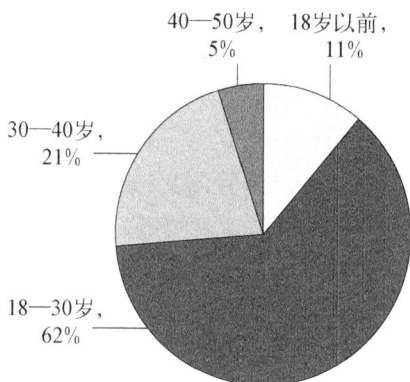

图 4 首次吸毒年龄调查

毒龄调查。40%的人是 1—5 年,21%的人是 5—10 年,22%的人是 1 年以下,17%的人是 10 年以上。

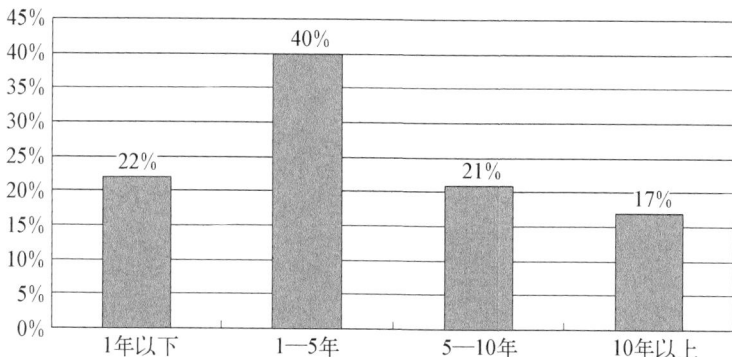

图 5 强制隔离戒毒人员毒龄调查

2. 婚姻状况与毒品关联性调查。离婚人群中,因心情郁闷而吸毒的占调查总数的 20%,因吸毒导致离婚的占到 26%,离婚与吸毒无关的占 25%;未婚人群中,因吸毒耽误结婚的占 42%,认为自己年轻不想早结婚的占 35%,13%的人为未婚同居,10%的人因担心吸毒影响生育等原因对婚姻产生恐惧。

3. 认知排序调查中"如果能自由选择,最想选择的东西依次是",幸福的家庭、健康的身体、正常的工作、金钱和健康的心理,极少部分人选择毒品。

上述调查问卷在入所基本信息的基础上进一步表述了女性强制隔离戒毒人员群体亚环境及特征:

(1) 女性吸毒者的社会支持系统比较薄弱。社会支持作为科学专业术语于 1970 年代被正式提出,在社会学、医学研究中,学者对社会支持与身心健康的关系进行了大量研究,发现除自我防御这一内在心理系统能够抵御和缓解精神病外,个体所处的社会关系背景这一外在因素,对于精神病的防御与治疗也起着积极作用。[①] 从性质上看,社会支持系统主要包括了两大部分:(1) 客观可见的支持,包括物质支持、网络支持(稳定的社会关系如婚姻、同事、朋友等,不稳定的社会联系如非正式团体等);(2) 主观体验的支持,即个体在社会生活中受尊重被体谅的情感支持及满意度。[②] 婚姻是家庭的基础,婚姻家庭对一个人而言应当是最稳固的社会支持系统。对女性戒毒人员而言,一方面,很多人因为吸毒导致婚姻破裂,家人关系冷漠,自觉不为社会主流环境所接纳,得不到支持和理解(在我们的调查中仅有极少数吸毒人员认为未受过歧视);另一方面,婚姻、家庭、情感上的挫折往往又成为吸毒的诱因,毒品成为得不到社会支持后的一种自我解救的错误选择。此外,家庭成员中吸毒比例也比较高,诸如夫妻同吸、姐妹同吸的现象屡有发生。社会支持系统的薄弱和不健全滋长了女性吸毒者的空虚感、无助感,加之自控能力、耐挫能力的欠缺,多方面因素交互叠加使吸毒人员在遭遇挫折、困难时难有援手可寻,找不到心理的抚慰、支持和寄托,往往复归吸毒怪圈。

(2) 吸食、注射新型毒品的人员比重大幅增长。所谓新型毒品是相对于鸦片、海洛因等传统毒品而言,主要指人工化学合成的致幻剂、兴奋剂类毒品,是由国际禁毒公约和我国法律法规所规定管制的、直接作用于人的中枢神经系统,使

---

① 周林刚、冯建华:《社会支持理论——一个文献的回顾》,《广西师范学院学报》(哲学社会科学版) 2005 年第 3 期。

② 周林刚、冯建华:《社会支持理论——一个文献的回顾》,《广西师范学院学报》(哲学社会科学版) 2005 年第 3 期。

人兴奋或抑制,连续使用能使人产生依赖性的精神药品。① 与传统毒品(海洛因、鸦片)相比,新型毒品生理依赖性相对比较弱(新型毒品停药后不会出现类似海洛因成瘾者停药后的严重身体戒断症状),但是精神依赖(即心瘾)比较强。吸食者会出现幻听、幻觉,精神错乱、躁狂、行为怪异、思想偏执,还会出现迫害妄想。更为严重的是新型毒品对人的神经所造成的伤害是长期的、永久的。目前,滥用新型毒品或者混合使用传统毒品与新型毒品的人员已占 80% 以上,由此导致精神异常人员增多。

(3) 对认知价值的选择上,通过排序调查可以看出,在女性强制隔离戒毒人员中幸福的家庭、健康的身体、正常的工作是实现人生价值的前三位选择,表明女性吸毒者对于摆脱毒品,回归正常、健康的社会、个人生活有着较高的心理认同和渴望。

三、女性戒毒模式构建及路径应对

女性吸毒人员的群体特点需要建立完善一套适用于该群体,科学有效的制度和措施体系。

(一) 完善戒毒法律体系

禁毒、戒毒本身是一项综合的、系统的工程,涉及公安、司法行政、社区等多部门、多方面的协调,由于涉及公民人身自由权利的限制和剥夺,一方面,我们在强制隔离戒毒工作中要加强与不同部门、机构之间的沟通、协调;另一方面,还应当关注不同法律之间的衔接,尤其是对涉及特殊处理程序、权限或者部门法有特殊规定的问题,应当遵守有关法律。因而,《禁毒法》虽然是禁毒法律体系中的一部主体法典,但还是需要行政法规、政府规章的补充,使得实践中的一些有益探索能够制度化,也使得制度措施更具操作性,同时从广义上讲,禁毒法律体系不止禁毒法一部法律,禁毒法律之间、禁毒法律与其他法律之间也存在相互衔接的问题,以此确保强制隔离戒毒的合法有效管理和戒治。

就女性吸毒群体而言,《禁毒法》在立法上并未区分性别规定戒毒治疗、康复措施。女性由于其特殊的身心特点,法律往往予以特殊保护,如《妇女权益保护法》《婚姻法》等法律都有关于女性权益区别于男性或优于男性保护的特殊规定,女性戒毒人员在社会支持、社会回归、帮教上显著区别于男性,需要通过法律细化予以区别保护。同时,毒品滥用不仅仅是一个法律问题,吸毒成瘾有其自有的

---

① 国家禁毒委员会办公室网站:www. GX. xinhuanet. com. 访问日期:2016 年 8 月 8 日。

病理性和药理性基础,戒毒同样是一个共同卫生问题,因此,戒毒法律体系的完善还需要与《传染病防治法》《执业医师法》《药品管理法》等公共卫生法律体系相衔接。

(二) 构建科学有效的戒毒工作体系

结合戒毒人员的心理行为、认知情感、文化素养、社会生存等特点,在戒毒康复措施上,需要着力解决缺乏专业性、针对性的问题。遵循戒毒工作原理、规律,构建"以生理脱毒为基础、以戒断心瘾为重点、以认知干预为主线、以身体康复为保障、以社会回归为目标、以个别化戒毒康复为手段",融"身、心、思、行、社"为一体的全面修复与系统重建的特色化戒毒工作模式。

针对个体戒毒康复,构建个别化戒毒康复体系,将戒毒人员个体情况作为一切戒毒康复方案和措施的逻辑起点和理论出发点,充分考虑个体差异、个性特点和合理需求,充分体现"量身定制""一人一策"的要求,推进流程管理、过程控制,注重戒毒人员出所后的持续跟踪、数据收集和个案研判,提高戒毒方案的有效性。

针对群体戒毒康复,围绕戒毒人员"违法者、病人、受害者"三重属性,创设针对性的戒毒措施。针对违法者的身份属性,开展毒品违法性、危害性教育和法律常识、思想道德教育;针对病人的身份属性,强化医疗救治、体能康复和心理康复等;针对受害者的身份属性,注重对戒毒人员的挽救帮扶,开展适合戒毒人员的就业技能培训,完善戒毒人员社会保障,帮助他们摆脱毒品的控制,重归正常的社会生活。

在戒毒效果评估上,着力打破"封闭性、单一性"的问题,在大数据分析的基础上,建立科学的戒毒影响因素权重关系,引进专业量表、专业器械,构建量化、客观的评估体系。吸纳专业机构、专业人员共同参与评估工作,提高评估的开放性、专业性和准确性。

多维视角下的"一带一路"国家战略

孙秀丽

(上海电机学院马克思主义学院,讲师,上海 201306)

"一带一路"国家战略源起于 2013 年 9 月习近平在访问哈萨克斯坦时提出的共建"丝绸之路经济带"设想和 2013 年 10 月在亚太经济合作组织领导人会议期间提出的共同建设"21 世纪海上丝绸之路"倡议。2013 年 11 月,党的十八届三中全会正式将"一带一路"提升为国家战略。在接连三个月之中,"一带一路"战略的内涵不断得到充实,其在国家治理体系中的地位不断得到提升。此后,"一带一路"战略的发展规划格局渐次清晰。2015 年,"一带一路"战略从国家顶层设计落地实施,写入了《政府工作报告》,颁布了《推动共建丝绸之路经济带和21 世纪海上丝绸之路的愿景与行动》(简称《愿景与行动》),成功筹建亚投行。因而,有关"一带一路"国家战略的宣传报道也遍布各种媒体,如何在思想政治课教学过程中把握好这一热点主题、避免浮于表面值得深切思考。"一带一路"国家战略的思想政治课教学应该多层面多视角,从而使"一带一路"国家战略进了课堂更真正进了学生头脑。

一、纵向层面理解"一带一路"国家战略

(一) 宏观层面:把握国家战略的导向性

"一带一路"国家战略传递的国家发展信息,表明了我国在当前复杂的国际经济、政治、外交形势下的积极主动的姿态,这是我们教学过程中讲授"一带一路"战略时应该把握的导向性信息。从经济角度而言,在经历了国际金融危机的震荡之后,世界经济格局正酝酿新一轮的调整,我国在经济全球化系统中的地位被重新认识。这也意味着我国的国际影响力在不断增强,被国际社会寄予了更多的期望。我国提出并推进实施"一带一路"战略,是积极承担国际社会责任的体现,也是对国际社会期望的一种回应。从政治角度而言,世界版图正朝向多极化的方向发展,我国作为发展中的大国,是其中重要的支点。面对美国"亚太再平衡"的战略意图,"一带一路"国家战略表明中国这一支点是和平友好的支点,

并且能够在国际社会获得广泛的认同。从外交角度而言,在美国主导 TPP(跨太平洋伙伴关系协议)、TTIP(跨大西洋贸易与投资伙伴协议)规则谈判、意图绕开中国以创建新的国际贸易和投资规则之形势下,"一带一路"国家战略链接了历史与现实,依靠与相关国家既有的双边多边机制拓展合作空间,共享发展成果,是一种化被动为主动的创新外交。

(二)中观层面:区域视野下的上海地区优势

"一带一路"能够上升为国家战略,从地理意义上说,与其辐射了绝大部分国内版图不无关系。陆上条线,"一带一路"国家战略带动了我国西北、西南等地的起航;海上条线,由东部沿海城市牵系着亚太经济圈。以区域化的视野观之,我们所处的上海在"一带一路"国家战略推进过程中的地位与优势并重。在教学过程中,可以启发学生深入思考上海区域的本土资源如何对接"一带一路"国家战略的发展需求。例如,在共建"丝绸之路经济带"倡议提出不久的 2013 年 9 月 29 日,中国(上海)自由贸易试验区(简称"试验区")成立,这是我国全面深化改革与全面推进依法治国背景下的主动探索。试验区"境内关外"的特殊定位,意味着试验区的制度创新是我国与国际社会规则相融合的最前沿,是全球化、国际化背景下的制度创新,与"一带一路"国家战略主动回应国际形势具有内在一致性。试验区的制度创新进一步释放了国际投融资空间,也让上海的地区优势得以发挥。上海"四个中心"的城市建设定位,也为"一带一路"国家战略实施提供了长足的发展动力。海派文化所蕴含的"海纳百川,兼容并蓄"的特质,尊重多元化的文化表征,亦符合"一带一路"国家战略顺应世界多极化潮流的发展趋势。这些均可以作为探讨上海区域优势与"一带一路"国家战略实施的教学主题,既有助于学生深入认识自己身处的城市,更能增添理解"一带一路"国家战略的不同视角。

(三)微观层面:个体感受中的国家战略

"一带一路"国家战略进课堂、进学生头脑,微观层面的解析和认识不可或缺。为避免学生一听到国家战略就觉得太"高大上"、距离自己的生活太远,需要借助于一个非常贴近大学生生活实际的视角来认识"一带一路",从学生个体出发感受"一带一路"的影响。课堂教学可以选取一些贴近生活的实例,作为切入点运用到课堂导入、课堂讨论等环节。例如,学生对购物消费、就业创业等主题比较熟悉、关注,可以尝试以类似这样的主题来反观"一带一路"国家战略将会对购物消费、就业创业产生怎样的影响。《愿景与行动》指出,"创新贸易方式,发展跨境电子商务等新的商业业态",可见,就购物消费而言,在"一带一路"战略实施推动下,更广范围的国家合作即将展开,投资贸易更加便利,可供我们选购的商品来源更广,对国内消费者来说是一大利好信息。《愿景与行动》也指出,"抓住交通设施的关键通道、关键节点和重点工程","加强能源基础设施互联互通合作,共同维护输油、输气管道等运输通道安全,推进跨境电力与输电通道建设,积极开展区域电网升级改造合作"。在就业创业方面,"一带一路"战略建设的重点优先的领域为基础设施的互联互通,意味着在交通、能源、电力等领域,在未来一段时间内将吸纳大批人才。通过这些主题切入讨论,引导学生以小见大,带动学生更加直观、全面地认识国家发展战略。

二、横向视角关注"一带一路"国家战略

(一) 中国梦引领下的"一带一路"国家战略

"一带一路"国家战略是中国梦引领下的圆梦行动,中国梦以亲民的表达激发全体中国人民为实现中华民族伟大复兴而努力奋斗。实现中国梦意味着坚定不移地走中国特色社会主义道路,弘扬以爱国主义为核心的民族精神和以改革创新为核心的时代精神,凝聚中国各族人民大团结的力量。"一带一路"战略为沿线国家和地区带来更为广阔的合作与发展空间,力促发展的成果惠及更广范围的民众,超越了国界与民族界限。中国梦对"一带一路"国家战略的引领表现为两者内在的目标具有一致性,都通过发展惠及民众。两者实现的路径具有关联性,中华民族伟大复兴梦想的实现离不开与其他国家、地区深化合作,深化对外开放,而"一带一路"战略恰是拓展发展空间、培育发展优势、储备发展力量的发展战略。两者还具备共通的文化因素,中国梦引领下的"一带一路"国家战略,可以走出国门为世界其他国家和地区所认可,与中国的文化因素是分不开的。借由古代丝绸之路的文化底蕴,奠定了东西方交流的基础,"一带一路"国家战略已然具备了推行实施的重要抓手。通过文化软实力的交流与互通,顺应世界文化多样化的发展潮流,促使我国优秀的传统文化发挥更大的影响力。基于文化认同,消弭疑虑隔阂,更利于在经贸投资领域开展多方面合作。

(二) 全面推进依法治国背景下的"一带一路"国家战略

从 GATT 到 WTO,再到当前炙手可热的 TPP 和 TTIP,多个历史阶段向我们表明,国际社会中的利益是与规则紧密联系在一起的,掌控了规则的主导权就意味着把握了发展机遇与利益。《愿景与行动》指出,"一带一路"战略提出的时代背景之一是"多边投资规则酝酿深刻调整",因而,"一带一路"国家战略必然是全面推进依法治国背景下的规则外交,是法治要求约束下的国家战略。"'一带一路'战略的法治化,不仅是自身发展的需要,也是中国提升国际规则话语权的

需要,必将对 21 世纪国际贸易法、投资法和国际金融法等现代国际法产生重要而积极的影响。"①党的十八届四中全会以全面推进依法治国为主题,进一步提升了依法治国在国家治理体系中的地位,也进一步将全面推进依法治国与国际社会规则对接起来,在法治的框架下实施"一带一路"战略。以亚投行的筹建为例,在国际社会已经习惯于美国和西方国家主导的国际环境时,亚洲基础设施投资银行(简称"亚投行")将要带来的改变是充满阻力的。西方国家加入亚投行看中的是亚洲经济发展的潜力与投资回报,长远来看,必须依靠亚投行公平、透明的运行机制。亚投行要通过法治化的路径,以法治、以规则与世界对话,发挥新兴经济体国家共同的力量,应对传统上失衡的国际金融秩序。

(三)大国崛起时代环境下的"一带一路"国家战略

在纷繁复杂的国际社会中,我国"一带一路"国家战略的提出与实施,是与质疑和疑虑相伴而生的。怀揣着"大国梦"的印度一直没有作出积极响应,②亚投行的筹建原始成员国中不见美国与日本,俄罗斯主导的欧亚经济联盟也朝着将其打造成一个新的世界经济中心的方向而努力,南海局势的复杂化成为海上丝绸之路建设的隐忧。如此种种情境下,"一带一路"国家战略难免引发多种解读与忧虑。因而,在教学过程中讲授"一带一路"国家战略,必须关注大国崛起的时代环境,引导学生理解中国的崛起是和平的崛起,而不是霸权的崛起。承担着中国实现大国崛起载体角色的"一带一路"战略,自提出之时起就蕴含着和平友好的传统基因,以历史为基点,传承了历史上友好往来的丝路精神。在新的时代背景下,"一带一路"焕发生机,顺应和平、发展、合作、共赢的发展潮流。"一带一路"战略期待沿线国家能够共享发展成果,尤其是沿线的新兴市场国家,其基础设施建设相对落后,通过"一带一路"战略双边多边合作,将有效地改善基础设施环境。关注大国崛起时代背景下的"一带一路"国家战略,还应该引导学生理性对待各种有关这一主题的评论。例如,有观点认为,"一带一路"建设是抢资源,建设"一带一路"就是要保障中国的资源、能源供给。③ 针对类似的观点,思想政治课教学要有意识地从多个角度进行剖析。

1. 正视现状。客观现状不回避,要正视我国在资源、能源需求方面对国外存在一定程度的依赖这一现状,我们的发展需要资源。

---

① 刘敬东:《"一带一路"战略的法治化构想》。2015 年 4 月 28 日《经济参考报》。

② 姚远梅:《印度为何对"一带一路"反应迟缓》。http://www.thepaper.cn/newsDetail_forward_1322339,最后访问时间:2015 年 6 月 25 日。

③ 赵磊:《纠正"一带一路"建设的错误认知》。载中国网,http://www.china.org.cn/chinese/2015-03/14/content_35054028.htm,最后访问时间:2015 年 4 月 14 日。

2. 不乱画等号。我国资源、能源需求的现状不等于我国通过“一带一路”建设去抢占资源，正如我们不可能将一个贫穷的人等同于抢劫犯的道理一样简单。况且，能源合作不等于“一带一路”战略的全部内容，我们更期待在“一带一路”战略的推动下，以更加主动开放的姿态迎接发达经济体的技术、市场先进的理念。

3. 国际关系的利益本质。国家与国家之间的关系天平中，国家利益始终是影响天平方向的核心因素。即使我国有资源进口的需求，那些资源储备丰富的国家也是从其本国利益最大化的角度出发，权衡资源出口量与资源出口国，中国并不必然成为他们的资源买家。面对一些有关“一带一路”战略的质疑和误读，我们应理性对待和分析，如果不能撇清一些错误言论，那么我们将会从一开始便陷入认识上的泥沼。

三、结语

“一带一路”国家战略是伟大的国家发展契机，又是贴近民众生活的发展契机。思想政治课教学对“一带一路”国家战略主题的把握，需要让高高在上的国家战略接地气，让学生从不同层面理解与思考国家战略。也要避免仅限于了解铺天盖地的媒体报道信息，浮于表面，应将“一带一路”国家战略置于当前的国内、国际环境中进行多角度思考。教学主题进课堂容易，教学思想与理念进学生头脑难，应不断探索有效的方式、从多维的视角去认识和思考问题。

上海—台北"双城论坛":回顾与展望*

王伟男

(上海交通大学国际与公共事务学院,副教授,上海 200240)

  "上海—台北城市论坛",新闻媒体一般称之为"双城论坛",是上海和台北两个城市在错综复杂的两岸关系大背景下,于 2000 年开启的制度化的城市交流平台。2015 年 8 月 17 日,台北市长柯文哲率团抵沪参加"双城论坛",标志着两岸围绕 2015 年度"双城论坛"进行的长达 8 个多月的艰苦博弈告一段落,也让 15 年来备受政治因素干扰的上海台北城市交流重现生机。那么,上海与台北之间的"双城论坛"交流形式是如何形成的? 2015 年"双城论坛"为什么迟迟难以定案? 中间经历了哪些波折?"双城论坛"未来走向如何? 这些都是本文试图回答的问题。

一、"双城论坛"的缘起

  上海和台北分别作为大陆和台湾各自最大、最繁荣的城市,两者之间既有深厚的历史渊源,又有着密切的现实联系。从历史上看,上海在 1949 年以前作为远东地区最发达的城市,一直是包括台湾在内的中国其他省市,乃至远东地区内其他国家仰慕的对象。1949 年,蒋介石集团败退台湾时,中国大陆的许多政治、经济和文化精英随蒋介石赴台,其中,相当多数人就是从上海离开大陆的。大陆实行改革开放后,特别是 1987 年 11 月台湾当局开放台湾同胞回大陆探亲后,两岸民间交流启动,经贸往来日益扩大,大批台商来大陆投资兴业,以上海为中心的长三角地区成为吸引台商台资最多的地区。江苏省昆山市和上海市闵行区多年来都是台商投资最偏好的两个区域。目前,生活在长三角地区的台商大约有 30 万人,约占整个大陆台商总数的一半。这种深厚的历史渊源和密切的现实联系,是上海台北城市论坛交流平台能够在坎坷中砥砺前行的强大动力。

---

  * 上海市台办研究室对本文的写作提供了资料文献上的大力支持,在此表示感谢。至于可能出现的纰漏或谬误,均由作者承担。

2000 年 5 月，台湾地区出现第一次政党轮替，抱有"台独"理念的民进党上台执政，两岸关系进入一个新的动荡期。在两岸局势不明朗的情况下，上海与台北却上演了一出"双城记"，开创两岸城市交流之先河。① 当年 5 月，上海市建委副主任谭企坤带队赴台参访，首届"上海—台北城市论坛"登场。同年 9 月，台北市副市长白秀雄以"老年之友协会"理事长的名义率团访沪。2001 年 1 月，上海市副市长冯国勤应邀访问台北，受到台北市长马英九等人的欢迎。同年 2 月，台北市副市长白秀雄再次率团来沪，参加第二届"上海—台北城市论坛"，上海市副市长周慕尧出席论坛开幕式并致辞，徐匡迪市长会见了台北市代表团一行。这些交流活动主要探讨城市发展规划、公共建设、环境保护、城市交通、教育文化等共同关心的市政问题。

进入 2002 年后，两岸关系逐渐紧张。当年 8 月 3 日，国际"台独"组织"世界台湾同乡会联合会"第 29 届年会在日本东京举行，陈水扁通过电视直播方式致词时宣称："台湾是主权独立的国家"，"台湾与大陆，一边一国，要分清楚"，这就是引发两岸关系剧烈动荡的"一边一国"论。当年已筹备完成、即将在台北举行的"双城论坛"也因此被迫取消。接下来的 2003 年、2004 年、2005 年，两市高层交流继续受阻，"双城论坛"实际上处于停办状态。尽管如此，双方仍表达出继续开展全方位交流的意愿。台北市政府以"台湾生命力文教基金会"与上海市"发展研究基金会"为对口单位，继续在实务和学术层面讨论环保、交通、教育、公共建设等议题，确保两市的交流不会彻底中断。②

陈水扁于 2004 年连任成功后，在"台独"的道路上越走越远，两岸紧张态势持续升高。2005 年 3 月，全国人大通过《反分裂国家法》。当年 4 月下旬，国民党主席连战应中共中央总书记胡锦涛的邀请访问大陆，成为 1949 年两岸隔海对峙以来，国共两党最高领导人的首次面对面交流。受此影响，台海总体形势有所缓和。2006 年，上海台北恢复交流，但因为时任台北市长马英九已兼任国民党主席，故"双城论坛"第一次被明确定位为"民间交流"，由台北市经济发展委员会委员赖士葆带团赴上海。同年 11 月，在"双城论坛"的基础上，台北市政府邀请上海市赴台参加"北台湾与长三角区域合作"研讨会。上海市组团与南京、苏州

---

① 实际的背景情况是，在 2000 年的岛内"大选"前，没有人预料到民进党候选人陈水扁会当选，当时大家都看好的是脱离国民党独立参选的宋楚瑜。加上当时的台北市长是国民党籍的马英九，他反"台独"的色彩十分明显。所以"上海—台北城市论坛"在 2000 年台湾"大选"前就开始筹备了。此外，陈水扁上台初期，慑于大陆和美国的双重压力，在言行上有所克制。这也是首届"双城论坛"得以顺利召开的重要原因之一。

② 《上海台北"双城记"幕后故事多》，海峡导报：http://m. epaper. taihainet. com/20150818/hxdb570139.html

有关部门负责人一起赴台参加研讨会,与时任台北市长马英九、台北县长周锡玮、桃园县长朱立伦等共同探讨区域合作经验,建立双方持续沟通的管道与平台。①

二、新时期的"双城论坛"

2008年5月,马英九就任台湾地区最高领导人后,两岸关系迅速走向缓和,步入和平发展的新时期。两岸两会(大陆"海协会"与台湾"海基会")恢复中断了9年的交流,两岸"三通"(直接通邮、通航、通商,无需再绕道第三方)全面实施。在这个大背景下,两岸城市交流也开始增温。当年6月,国民党籍的台北市长郝龙斌率团赴上海参访,成为首位访问大陆的在职台北市长。郝龙斌访沪期间,两市签署台北市参加2010年上海"世博会"的协议,郝龙斌同时邀请上海市长在适当的时候访问台北。但郝龙斌对上海的这次访问并没有借用"双城论坛"的交流平台。

2010年,对上海和台北来说,都是各自城市发展史上的重要一年。上海在当年5月1日—10月31日举办"世界博览会"(即"世博会"),台北在2010年11月6日—2011年4月25日举办"国际花卉博览会"(即"花博会")。由于上海办会在先,台北希望能学习上海的实践经验,上海也需要台北对"世博会"提供支持,包括建设"城市最佳实践区"的台北案例馆等。双方约定,正式恢复"上海—台北城市论坛"交流平台。当年4月6日,时任上海市市长韩正率团赴台,参加两岸关系步入和平发展新时期后的首届"双城论坛",并成为第一位赴台访问的上海市长。

在这次论坛上,双方提出了"上海世博、台北花博、双城双赢"的响亮口号。其中,最大的成果是促成台北市区的松山机场与上海市区的虹桥机场双向直航,为推动双方更密切、更便捷的人员来往创造条件。此外,总部位于上海的交通银行在当年5月1日开启在上海等地人民币与新台币之间的双向兑换业务;双方支持浦东发展银行等上海本地银行在台北开设办事处。这些措施为经常来往于两个城市和两岸之间的民众提供了金融服务上的极大便利。这次论坛上还签署了4个合作备忘录,分别是《台北市与上海市文化交流合作备忘录》《台北市与上海市旅游交流合作备忘录》《台北市与上海市环保交流合作备忘录》和《台北市内

---

① 《新闻背景:上海台北"双城论坛"十年有成》,中新网:http://www.chinanews.com/tw/tw-lajl/news/2010/04-06/2209403.shtml

湖科技园与上海市张江高科技园区交流合作备忘录》。"双城论坛"的举办恢复常态化、制度化，每年一次，在两市轮流举行。①

2011年7月25日，台北市长郝龙斌率团来沪，参加该年度的"双城论坛"。在这次论坛上，两市市长首次明确表达"深化双城交流合作、实现双城共同繁荣"的美好愿景。韩正与郝龙斌还不约而同地提到"后世博""后花博"的城市发展规划和设想，以期提升城市文化内涵，携手打拼城市"软实力"。两市相关部门的官员在论坛上开展了深入交流，签署《上海市与台北市教育交流合作备忘录》《上海市与台北市旅游交流合作备忘录》和《上海市与台北市医疗卫生交流合作备忘录》。双方有关部门约定，"将积极协助市民深度了解对方城市""加强推广团队旅游和个人旅游"等，②显示出双方互打旅游牌的用意。

2012年8月16日，该年度的"双城论坛"在台北举行。上海市副市长姜平带队赴台，来自两市的政府官员、专家学者围绕市政建设规划、文创产业发展以及大型体育赛事筹办等主题，共同探讨了城市发展所面临的各项挑战，分享了各自的应对经验。同时，上海代表团还增加了对台北市在市民服务方面的观摩与学习，先后考察台北市"至善老人安养中心"、信义区公所基层市民服务和台北市"1999市民当家热线中心"。当时，台北正在申办2016世界设计之都及筹办2017世界大学生运动会，上海方面表达了全力支持的态度。双方签署了《上海市与台北市体育交流合作备忘录》《上海市与台北市老人照护交流合作备忘录》《上海市黄浦区与台北市信义区交流合作备忘录》和《上海市徐汇区与台北市北投区交流合作备忘录》等文件。③

2013年7月2日，该年度的"双城论坛"在上海举行。台北市长郝龙斌再次率团来沪。本次论坛主要聚焦教育、养老、体育、媒体产业等议题。与以往不同的是，除了台北市相关部门的行政首长外，还有许多重量级的企业负责人随团来沪，包括远东集团董事长徐旭东、鸿海集团董事长郭台铭、佳格食品董事长曹德风和旺旺集团董事长蔡衍明等人。上海市长杨雄在致辞中欢迎更多台资企业投资上海，期待更多台资金融机构在沪集聚和拓展业务，并鼓励有条件的上海企业赴台北发展。这次"双城论坛"共签署4个文件，分别是：《上海图书馆与台北市立图书馆的交流合作备忘录》《上海市"12345市民服务热线"与台北市"1999市

---

① 《上海市长韩正访问台湾》，东方网：http://sh.eastday.com/kpzh/hz_tw/
② 《上海台北"许愿"，双城齐拼"软实力"》，新华网：http://news.xinhuanet.com/mrdx/2011-07/26/c_131009714.htm
③ 《上海副市长姜平率团抵台参加沪台双城论坛》，中新网：http://www.chinanews.com/tw/2012/08-15/4110149.shtml

民当家热线"交流合作备忘录》《上海市普陀区与台北市大安区交流合作备忘录》《上海市杨浦区与台北市南港区交流合作备忘录》。①

2014年6月9日,该年度的"双城论坛"在台北举行。上海市常务副市长屠光绍率团赴台,双方以"城市的改变"为主轴进行演讲,也分享两个城市如何打造"创新设计之都"及"绿色便捷城市"。台北市长郝龙斌形容,台北与上海在这几年里关系快速发展,两市不仅是兄弟情谊,也几乎是同一个城市,只是分散在两个不同地方而已。屠光绍则表示,上海与台北有一个很重要的共同点,就是双城随时都在思考与实践如何让市民生活过得更美好,"双城论坛"也是为了实现这个目标而成立的。他还说,现在上海市政府开会研究城市的发展与管理时,首先会想到台北是如何做的,如何充分借鉴台北的经验。本次论坛签署的4项合作备忘录分别是《市立台北大学与复旦大学交流合作备忘录》《台北艺术节与上海国际艺术节交流合作备忘录》《台北市松山区与上海市长宁区交流合作备忘录》和《台北市士林区与上海市虹口区交流合作备忘录》。至此,两市共签署19项交流合作备忘录。②

三、历经波折的2015年"双城论坛"

2014年11月29日,台湾地区举行各县市首长和民意代表换届选举。名为无党籍但实际上得到民进党的大力支持,且自称"墨绿"的台湾大学医院医师柯文哲,在这次选举中击败国民党籍候选人连胜文,赢得台北市长一职。这是"双城论坛"自2000年发端以来,台北市首次由非国民党籍的政治人物出任市长一职。因此,在柯文哲当选后,两岸政界、学界和舆论界即开始忧虑2015年的"双城论坛"能否举办下去。当时,两岸都有一股强大的声音,主张"双城论坛"应该暂缓举行,以示对"台独"势力的惩罚。柯文哲本人却有很高的意愿按既有模式③把"双城论坛"举办下去,大陆方面希望柯文哲承认体现一个中国原则的"九二共识"。国台办发言人范丽青在2014年12月17日接受台湾《联合报》记者针对"双城论坛"议题的提问时表示:"2008年以来,两岸双方在坚持'九二共识'基

---

① 《2013上海台北双城论坛举行 签署四项备忘录》,海峡之声网:http://www.vos.com.cn/news/2013-07/04/cms756952article.shtml

② 《2014台北上海城市论坛在台北举行》,东方网:http://shzw.eastday.com/shzw/G/20140609/u1ai130555.html

③ 所谓的"既有模式",就是在上海举办"双城论坛"时,台北市长可以率队前来参加,与上海市长会面并参加相关活动。如果条件成熟,台北市长在上海还可能与中共中央政治局委员、上海市委书记会面。在台北举办"双城论坛"时,上海市长或副市长率队前往参加,与台北市长会面并参加相关活动。

础上,推动两岸关系和平发展,取得一系列重要成果,给两岸同胞带来了实实在在的利益,支持两岸关系和平发展成为两岸同胞的主流民意。希望台湾各界与我们共同努力,继续推进两岸关系和平发展。维护好两岸关系和平发展局面,更要维护好两岸关系和平发展的基础。"①配合这个官方口径,大陆学界许多学者也开始强调"九二共识"对"双城论坛"的重要性。

在此压力下,柯文哲于 2015 年 3 月 30 日在台北接受大陆媒体联合采访,提出所谓的"一五新观点",即"尊重两岸过去已经签署的协议与互动的历史,在既有的政治基础上,以'互相认识、互相了解、互相尊重、互相合作'的原则,秉持'两岸一家亲'的精神,促进交流、增加善意,让两岸人民去追求更好的共同未来"。但他同时也表示:"事实上,当今世界上并没有人认为有'两个中国',所以一个中国并不是问题,但更重要的是所谓'一个中国',他的内容是什么? 这才是整个世界比较关心的。"②他以"既有的政治基础"取代"九二共识",以回避绿营人士的指责,并作为对大陆的"让步"。在他作此表态的最初一段时期,大陆方面表达出欢迎与认可的态度:"柯文哲市长的有关表态,有利于上海市与台北市开展交流合作,我们愿与台北市就举办'双城论坛'的有关事宜进行沟通。"③2015 年 5 月,台北市副市长周丽芳访问上海,就"双城论坛"事宜进行面对面的沟通。

但柯文哲在此前后也抛出过一些很具争议性、甚至挑衅性的言论,包括"两国一制""被殖民越久越进步""不清楚'九二共识'的内容是什么"等。大陆舆论要求他明确承认"九二共识"方能举办"双城论坛"的呼声也逐步高涨。事实上,对两岸关系稍有常识的人都知道大陆所坚持的"一个中国"原则和"九二共识"是什么含义,柯文哲显然是明知故问,意在回避现实。在此情况下,双方关于"双城论坛"的沟通陷入僵局。急于想来上海参加"双城论坛"的柯文哲态度上有所"软化",于 8 月 3 日再次接受两岸媒体联合采访,指出:中国大陆提出"九二共识"是两岸关系和平发展的基础,他对此表示"了解与尊重",而他提出"一五新观点"是指"只要有利于两岸城市交流,他都会积极去做"。④

从严格的角度来看,柯文哲并没有明确承认和接受"九二共识",只是"了解和尊重"而已。但由于他急于访问上海,急于参加"双城论坛",尤其不愿"双城论

---

① 《国台办新闻发布会辑录(2014 - 12 - 17)》:http://www. gwytb. gov. cn/xwfbh/201412/t20141217_8399114. htm
② 《"一个中国不是问题"? 柯文哲:陆媒断章取义》,早报网:http://www. zaobao. com/special/report/politic/taiwan/story20150401 - 463511
③ 《上海市台办负责人就举办"双城论坛"答复记者询问》,中国台湾网:http://www. taiwan. cn/local/dfkx/201503/t20150331_9463592. html
④ 央视网:http://news. cntv. cn/2015/08/03/VIDE1438599957992206. shtml

坛"交流平台在他任内被破坏,而大陆方面也不愿轻易放弃这个两岸城市交流的样本,故勉强接受了柯文哲的说辞,2015 年"双城论坛"得以于 8 月 18 日登场。柯文哲率领他的市政团队重量级人物在上海瑞金宾馆与上海市长杨雄一起出席开幕式并致辞。此次"双城论坛"除了延续市政经验交流外,还增加了"社区卫生""智慧城市""文化的传承与推广""青年创业"4 个分论坛。两市签署了《上海市与台北市交通电子票证技术经验交流合作备忘录》《上海市静安区与台北市中正区交流合作备忘录》《上海市闵行区与台北市中山区交流合作备忘录》和《上海市与台北市公务人力发展观摩交流备忘录》等 4 项文件。① 至此,历次"双城论坛"共签署 23 项交流合作备忘录。在上海期间,柯文哲还参观了中共一大会址、上海档案馆、上海城市规划展示馆、抗战纪念地四行仓库等。

四、"双城论坛"的主要成效

客观地说,虽然上海—台北"双城论坛"已有 15 年的历史,但主要的交流成果还是 2008 年以后,特别是 2010 年以来取得的。当然,这并不意味着 2008 年以前的交流不重要。没有 2008 年以前已经初步搭建的交流平台和奠定的交流基础,2008 年以后的双城交流也不可能那么快走上常态化、制度化的轨道。或许可以这样说,2008 年以前是奠基阶段,2008 年以后是收获阶段。在收获阶段主要取得了以下具体成效:

(一) 上海—台北"一日生活圈"的形成

两个城市直线距离约 700 千米,空中航程约 1 000 千米,直航约需 1.5 个小时。在实现直航前,来往两地一般要绕道香港,即使不在香港降落,只是象征性地从香港上空飞过,也要耗掉大半天,经常来往于两地的民众一直抱怨连连。实现直航后,整个空中航程只需 1.5 个小时,就像从台北乘高铁去高雄那么便捷。台商可以在台北家中吃早餐,上午飞到上海和客户谈生意、用午餐,下午很早就可以飞回台北,继续处理在台湾的事务。所以郝龙斌会感慨地说,"台北和上海就像同一个城市,只是分散在两个不同的地方而已"。

此外,双城直航及"一日生活圈"的形成,直接挽救了台北市松山机场和松山区。松山区主要依靠松山机场维持其繁荣,在台湾作为"亚洲四小龙"的光辉岁月里,繁忙的松山机场及其周围产业为松山区带来了巨大的商机。进入新世纪

---

① 《杨雄柯文哲出席"双城论坛"沪台两市签四项合作备忘录》,中国共产党新闻网: http://cpc. people. com. cn/n/2015/0819/c117005 - 27484148. html

以来,台湾经济持续不景气,松山机场的客流量大幅下降,导致整个松山区荣景不再。民进党的政客曾主张拆掉松山机场,改建为居民住宅或其他公共设施。虹桥机场与松山机场实现直航后,后者逐渐荣景再现,重新带动周围产业和松山区的蓬勃发展。关于松山机场改建的声音也销声匿迹。

(二) 上海学习台北的市民服务热线

在 2012 年于台北举行的"双城论坛"期间,上海代表团把观摩学习台北市政府如何为市民服务作为重点内容之一。同年 10 月 8 日,上海市正式开通"12345市民服务热线"。在 2013 年上海举行的"双城论坛"上,两市又签署《上海市"12345 市民服务热线"与台北市"1999 市民当家热线"交流合作备忘录》。此后,上海市政府学习台北市的经验,将已有的本来归各个相关部门管理运营的 45 条市民服务热线,统一归并到"12345 市民服务热线"。从上海官方提供的数据看,效果似乎也不错。2015 年前 8 个月上海市各区县接获市民诉求电话 155 044件,办结率达 99.16%,各委、办、局接获市民诉求电话 264 368 件,办结率达99.56%。①

(三) 家庭生活垃圾分类处理

台北市的家庭生活垃圾分类制度起始于马英九任台北市长的 2000 年,迄今已取得惊人的效果。目前,台北市每天的家庭生活垃圾产出量已由 2000 年的3 000 吨减少到 2014 年的 1 000 吨。② 上海市自 2012 年开始仿效台北,并采取了循序渐进的路径,但效果不太理想。目前,浦东新区的临港新城可能是整个上海地区实施这一制度最认真、最严格的地区,其效果有待数据来证实。广大市民环保意识和公共责任意识的养成,可能是该制度能否成功的关键。

(四) 大陆首家台商独资医院在沪建成

即位于徐汇区钦江路的禾新医院,完全由台资建立,名义上面向所有社会成员。然而,由于这家医院走的是高端路线,诊疗费大大高于上海本地的医院,一般市民难以接受。不过,由于这家医院与台湾地区的医疗保险机构和台当局卫生主管部门有合作关系,在大陆的台湾民众来此就医时,可以按照台湾地区的医疗保险制度进行结算、报销等业务,所以深受台商群体的欢迎。其医疗团队成员既有来自台湾的,也有来自海外的,更有来自大陆的。

---

① 参见"12345 上海市民服务热线"官方网站,"办理情况统计":http://www. sh12345. gov. cn/QX/index. jhtml

② 关于台北市垃圾减量的具体介绍,可参见 2014 年 7 月 8 日《都市快报》《台北垃圾分类 14 年市民从不适应到自动自觉》,网络来源:http://hzdaily. hangzhou. com. cn/dskb/html/2014 - 07/08/content_1760705. htm

此外,双方在图书馆合作、城市旅游、节庆赛事等具体活动上的合作也在稳步推进。

五、"双城论坛"的现实困境

(一) 无法绕开的政治困境

2015 年"双城论坛"之所以波折重重,迟迟难以确定下来,正是由于柯文哲不愿承认"九二共识"和一中原则。虽然这次"双城论坛"最终得以举办,但很难预测明年会怎样。事实上,即使是国民党在台北市执政时,马英九和郝龙斌也只是承认"九二共识,一中各表"。在 2000 年 2 月 27 日的首次城市论坛上,当时带队来沪的台北市副市长白秀雄,当他表达出希望能够建立一种制度化的交流平台时,时任上海市长徐匡迪则表示"愿意在一个中国原则下进行城市之间的交流",并对时任台北市长马英九发出邀请,希望在适当时候双方能够在上海见面,却始终没有成行。双方对"一个中国"的内涵存在分歧,所以双方很难达成完全一致。2013 年,郝龙斌来上海参加当年的"双城论坛"时,曾引起一场不大不小的风波。可见即使国民党在台北市当政,对"九二共识"理解上的差异仍然是个政治隐患。

(二) 逐渐凸显的路线困境

迄今参加"双城论坛"的主角主要还是两个城市的政府高官、大企业家、专家学者,论坛的举办形式主要还是开会交流、参观考察。而基层官员、社区工作者、中小企业主、民间组织参与度明显不够。虽然被定位为"民间交流",但实际侧重点是市政经验的分享,而不是民间交流质量的提高。虽然两个城市之间已经实现了"一日生活圈",但从中受益最大的还是两岸的商界精英,普通民众不可能经常往返于双城之间。这实际上是精英路线与草根路线的博弈。2013 年,在上海举行"双城论坛"时,双方已经意识到这个问题,所以当时就提出,"我们期望两市未来更进一步密切交流,助推在各领域的互动与合作,特别是基层民众之间的交流与互动能够迈上新台阶。让双城论坛不仅成为沪台两地之间的平台、两岸城市交流的平台,更成为两岸民众心灵沟通的平台"。现状是,许多上海市民、包括许多知识阶层根本不知道有"双城论坛"这回事。

(三) 一直存在的议题困境

这个困境实际上是由路线困境衍生出来的。迄今为止的"双城论坛"主要集中于政府层面的宏观议题,如城市规划、交通运输、环境保护、教育、体育、媒体等。民生层面的微观议题较少涉及,如住房、医疗、就业、公共服务等。比如,上海、台北两地目前的房价都很高，如何缓解无房户的困境？上海的廉租房制度与台北的"国民住宅"制度有何不同？孰优孰劣？如何相互借鉴？在教育、医疗等公共资源的公平分配上如何相互借鉴？公共服务质量如何进一步提高？民间组织的生存环境如何？社会效益如何？这些都是很具体、很微观的议题，但也是"双城论坛"尚未重点关注的议题。事实上，台北市确实有许多好的具体做法可供上海借鉴。比如，台北的地铁设计非常人性化，便捷的换乘方式，良好的乘车秩序，高质量的管理水平，都值得上海申通公司认真学习。如果这些涉及市民切身利益的微观议题长期被忽略，"双城论坛"的意义就会大打折扣。

此外，上海和台北在"双城论坛"上签署的合作文件迄今已有 23 项，但这些文件的一个共同特点是比较笼统，操作性不强，难以有针对性地评估其效果。

六、思考与建议

自 2000 年 5 月第一次"双城论坛"以来举行，这个交流平台已经走过了 15 年的风风雨雨。"双城论坛"在这 15 年中遭遇的波折起伏，实际上是同一时期两岸关系发展轨迹的真实写照。双城关系乃至两岸之间所有的城市关系和地域关系，实际上都受到两岸关系宏观格局的深刻影响甚至支配。但本质上属于民间交流的"双城论坛"要想长期举办下去，持续造福于双城市民和两岸民众，就必须努力克服上述困境与不足之处。

（一）今后的"双城论坛"要注重民间交流

我们首先要明确，作为两岸民间交流平台的"双城论坛"有其存在的必要性。无论哪个党派、什么人在岛内或台北市执政，这种必要性都是存在的。两岸民众之间全面、深入、持久地接触交流，有助于增进相互了解、理解与谅解，促进相互包容、接纳与融合，从而缩小心理差距，达到心灵契合。为此，必须让"双城论坛"回归其民间交流的本意。主管副职和更基层的主管部门（委、办、局、区）、行业协会、民间组织、居民社区等功能色彩较强的人员应该提高能见度。两市政府提供公共资源搭建平台，平台搭好后就应隐身幕后，让基层组织和民间社会登台唱主角，让民生议题唱主角。市政经验交流活动完全不必搞得轰轰烈烈，在政府部门之间保持畅通联系即可。在信息科技如此发达的今天，政府部门和官员不需要经常面对面交流。在未来的议题设置上，可以更多地向公共服务质量、社区治理经验、市民环保意识与行为、公共秩序与社会文明等更微观、更具体的方向倾斜。

（二）"双城论坛"或许可以借鉴"海峡论坛"模式

目前的"海峡论坛"主要由国台办等中央部、委、办，福建省和厦门市的相关部门联合主办,开展与台湾地区民间社会的广泛交流。但其规模过于庞大,动辄上万人参与,近年来被诟病为"重形式、轻质量";参与者老面孔太多,许多人每年都会出现,而另外一些人渴望参加却不得其门而入。因此,"双城论坛"在强化其"民间交流"色彩上可以借鉴"海峡论坛",但每次交流的规模不宜过大,基层单位和民间机构可以分批、轮替参与交流,尽量扩大参与面;也可以增加交流的频次,例如,由现在的一年一次改为一年两次,轮流在两市举办。

总之,期待上海和台北的市政当局更加重视基层民众之间的交流与互动,让"双城论坛"不仅成为沪台两地之间的平台、两岸城市交流的平台,更成为两岸民众心灵沟通的平台、践行"两岸一家亲"理念、为两岸同胞带来物质与精神福祉的平台。

一河一江一海承载的城市——上海

徐月霞

（上海电机学院图书馆，副研究馆员，上海 201306）

上海是中华人民共和国直辖市，是中国经济、金融、贸易、航运中心。上海 2014 年 GDP 总量居中国城市第一，亚洲第二。上海港货物吞吐量和集装箱吞吐量均居世界第一，是一个良好的滨江滨海国际性港口，也是中国大陆首个自贸区——"中国（上海）自由贸易试验区"所在地，然而，曾经的上海却是中国千千万万个村庄中的一个。

一、苏州河边默默守望的渔村

一般介绍上海的历史是这样的：上海西部在 6 000 年前就已成陆地，但那是以青浦福泉山地下发掘出的文物，经碳 14 测定证明的，但这不是上海历史的起点，而是人类社会或中华民族史前史的一部分。我们讲一个地区的历史，是指这个地区有文字记载的历史。人类史前史可证明这个地区若干年前人类的存在与发展，但不能证明这个地区的产生与发展。比如北京周口店发现北京猿人，可证明 50 万年前，北京一带有了猿人的存在，但不能证明 50 万年前就有了北京。那么上海的历史有多长？上海的历史我们倒着推，从 1911 年的辛亥革命前至元代初期，上海属松江府管辖，当时的松江府包括今上海市除崇明、嘉定以外的全部土地，共七县一厅，即华亭、上海、青浦、娄县、金山、南汇、奉贤，一厅（川沙）。而松江府则是唐天宝十年（公元 751 年）设置的华亭县在元初升格而来的，这是学术界公认的上海地区最早的县治。那么华亭县是如何来的？对华亭的出处比较多的共识是南宋绍熙四年（1193 年）刊印的《云间志》，这是华亭县，也是当今上海地区最早的一本县志。《云间志》记载："华亭在《禹贡》为扬州之域。在周为吴地，吴灭入越，越灭入楚。秦并天下，分三十六郡，始属会稽郡。汉世因之。顺帝永建四年，分浙以东为会稽郡，西为吴郡；华亭虽吴地，犹未见之史传。孙氏霸吴，尽有其地。建安二十四年（219 年）封陆逊为华亭侯，始见之吴志矣。"《三国志·吴书·陆逊传》："……权乃潜军而上，使逊与吕蒙为前部，至即克公安、南郡,逊经进,领宜都太守、拜抚边将军,封华亭侯……是岁建安二十四年十一月也。"后又因功"以逊为右护军、镇西将军,进封娄侯"。在彝陵之战后,"加拜逊辅国将军、领荆州牧,即改封江陵侯"。也就是说华亭县侯有文字记载是三国时期吴国的建安二十四年即公元 219 年。这是华亭见于正史的依据,距今已 1 770 年,也就是说上海的历史有确切的文字记载是 1770 年。《云间志》引《通典》及《寰宇记》记载:华亭县地有华亭谷,因以为名。华亭谷,也称长谷,流经谷中之河流曰谷水。所以谷、长谷、谷水和华亭谷是与古代地形有关的几个地名,又与陆逊所封的华亭侯有一定关系,也是华亭县得名的由来。那么,华亭县有多大呢?按《陆逊传》"逊初封华亭侯,进封娄侯,次江陵侯。汉法:十里(周秦汉,1 里=415.8 米)一亭,十亭一乡,万户以上或不满万户为县。凡封侯,视功大小,初亭侯,次乡、县、郡侯。以逊所封侯次第考之,则华亭汉故亭留宿会之所也(汉亭二万九千六百六十五)"。华亭是"汉时一亭",而亭,是"亭留宿会之所也"。早在秦时亭已存在,刘邦就曾是泗上一亭长。那么上海的历史又是如何发展的呢?公元前 514 年苏州城开始建筑,那时的上海连名字也没有,也就是说苏州比上海名字的出现要早 700 多年。与上海共命运的杭州,在周朝以前,也属"扬州之域",春秋时,吴越两国争霸,杭州先属越,后属吴,越灭吴后,复属越。战国时,楚灭越国,杭州又归入楚。秦统一六国后,在灵隐山麓设县治,称钱唐,也属会稽郡。《史记·秦始皇本纪》中记载:"三十七年十月癸丑(前 210 年),始皇出游……过丹阳,至钱唐,临浙江,水波恶……"这是史籍最早记载"钱唐"之名。"钱唐"就是杭州,也就是说杭州比上海名字的出现要早近 500 年。222 年,孙权建立吴国,都城建业(今南京),就是南京作为东吴的都城时,上海才有自己的名字华亭,上海也就是方圆 4 160 米左右的留宿之地。随着东吴的建立,我国的政治中心南移,江南的经济得到开发,唐天宝十年(公元 751 年),上海才正式设置为华亭县。南宋《云间志》的记载是:"万户以上或不满万户为县",也就是说大唐盛世时上海是万户左右的小县。纵观上海 1 700 多年的历史,绝大部分时间它是一个默默无闻的波澜不惊的南方城镇,但列强的炮火改变了它的历史轨迹,改变了它的生存状态,时势造英雄。

二、黄浦江畔的十里洋场

苏州河即吴淞江,但开阔的吴淞江自宋末元初,由于战乱失管、泥沙淤积,从 11 世纪开始,吴淞江很快淤浅缩狭,导致太湖流域泄水不畅,洪涝灾害频发。明永乐元年(1403 年),浙西大水,有司治不效,吴淞江流域水患已达到无以复加的地步,有些河段淤塞至"荻芦丛生、已成平陆"。户部尚书夏原吉奉命治理太湖水患,他在《苏松水利疏》中分析认为,治水关键是疏浚下游河道,使洪水畅流入海。于是放弃已成痼疾的吴淞江下游入海的旧江,动用 20 万河工改造河道。一是"挈淞入浏",从吴淞江中游段分流改道由浏河出海;二是"以浦代淞",开浚范家浜,上接大黄浦,引淀山湖水自吴淞江南跄口入海。范家浜就是如今外白渡桥至复兴岛一段黄浦江,初开时河道阔 30 余丈,在上游巨大水量的不断冲刷下扩展到二里许,形成了今天的深水河流黄浦江。从此,太湖水经过黄浦江而入海,而吴淞江在江浦合流后逐渐成为黄浦的支流。至此吴淞江与黄浦江的关系被彻底颠倒,也从此改变了上海的历史进程。到了明中叶,松江府(包括尚属苏州府的嘉定县)在黄浦江的润泽下迎来了社会经济发展的黄金时期,当时的苏松地区在粮食和棉花即人类生活的两大要素(衣、食)方面,在全国都名列前茅。松江府是全国闻名的产米区,松江的白粳、薄稻每年贡献朝廷,不可一日或缺。松江的棉植业,明洪武初在全国各府州中首屈一指。松江府属的棉花,南销浙西与闽广,"吾邑地产木棉,行于浙西诸郡,防绩成布,衣被天下"(明末清初松江府人叶梦珠《阅世编》卷七《食货四》)。闽粤商人在秋天"买花衣以归,楼船千百皆装布囊累累"。(清:褚华《丛书集成初编》)。明代洪武初年顾彧所撰《竹枝词》:"平川多种木棉花,织布人家罢绩麻。昨日官租科正急,街头多卖木棉纱。黄浦西边黄渡东,张泾正与泗泾通。航船昨夜春潮涨,百里华亭半日风。"这首竹枝词把当时上海的风土人情和经济面貌完全白描出来。

明朝范濂的《云间据目抄》记载:"松江旧无暑袜店,暑月间穿毡袜者甚众。万历以来用尤墩布(一种细密、柔软的棉布)为单暑袜,极轻美,远近争来购之。故郡治西郊,广开暑袜店百余家。合郡男妇皆以做袜为生,从店中给筹取值,亦便民新务。"这些署袜店主采取统一分发原料,使小生产者自己加工,完成了购买合郡男妇劳动力的过程"合郡男妇",则成为雇佣工人。到了明朝中后期,松江府不仅成为国家的纺织和手工业中心,它也和中国其他地区一样,资本主义萌芽已经出现,到清朝前期,经历了 2 个世纪发展,虽然极其缓慢,但它持续地发展着,直到 1840 年英国的炮火中断了这种进程。如果说吴淞江是上海的母亲河,那黄浦江就是上海发展前进的顶梁柱。

1843 年 11 月 17 日,英国首任驻沪领事巴富尔擅自宣布上海正式开埠,并在通告中划定自县城起至吴淞长约 13 英里的黄浦江畔为上海港区,规定从苏州河到洋泾浜(今延安东路外滩)为外国船只停泊区域。接着英国人提出了居留地的大致区域即上海县城北面这块后来被称为外滩一带的地块。数百年来,上海县城的发展始终局限在老城厢一带,黄浦江、吴淞江交汇的那块地方,直到开埠前仍然是以农田为主,零星地分布着几个村落,"卑湿之地,溪涧纵横,一到夏季,芦草丛生,田间丘墓累累"。但英国人经过周密考察,发觉这里有扼江河之咽的战略地位,地处江浦交汇,濒江近海,空间开阔。此后,英国的领事馆也就建造在黄浦江、吴淞江交汇点附近,英国的领事馆就变成了外滩起源地标,现在叫"外滩源1号"。英军突破吴淞防线是1842年6月13日,后溯黄浦江而上,6月19日进入上海县城。英军马德拉斯工兵队中尉奥契达罗尼的战记写道:"从吴淞溯黄浦江约行30千米,到达江岸左侧的上海县城,其附近的最大的都市是上海西面约80千米的苏州府。苏州府是非常重要的生产城市,其附近的上海尚不具有成为外国贸易中心的机能。(这是奥契达罗尼的判断)在上海县城的富人家中,发现有英国制造的钟表,而无(英制)棉布毛纺织织品。"从这段材料可以看出,英国发动鸦片战争的动机和当时上海在国际上的地位。战争是以中国失败并赔款割地通商而告终,签订了中国历史上第一个不平等条约《南京条约》。五口通商之时,五港之中,最北的是上海。当时上海在海外的知名度还很低,它只是长江下游的一个小县城。但开港后不久上海即成为中国最大的租界地,以后各国租界相继在黄浦江西岸建立、扩展,并出现了所谓的十里洋场,又渐渐发展成中国最大的都市。中国历代王朝的都市,几乎都是内陆型的,缺少海港型都市。这时上海地理位置的优越性凸显。通过隶属浙西水系与太湖的泄水道的黄浦江可通行太湖流域,而太湖流域在南宋时就有谚语"上有天堂,下有苏杭",是当时中国最富庶的地区。在地理位置上,上海在江苏省的南部,与浙江省共居于长江三角洲的肥沃地带,经济活动兴盛,有利于发展贸易。上海的背后是广大的内地通商圈,长江是一条天然的交通道,外洋船舶可以从河口上溯2 500千米,途中有明朝古都南京、粮食的主要产地湖南省,更向西行,可以到达直辖市重庆、四川省。另一条水上交通道路是大运河,距离长江出海口约250千米的长江岸边城市镇江。作为起点,向北延伸,直通天津和首都北京的近郊。这个隋朝开挖的运河,又经过元、明等朝代的扩展,全长达1 800千米,贯穿海河、黄河、淮河、长江、钱塘江的南北走向的人工水道。在铁路铺设前的中国,长江和大运河是两大交通线路,上海就成为内陆市场与外国贸易的接合点。多数人都会同意:开港是这个都市的发展起点。在那里,以英国商人为中心,外商云集。外商集中居留的区域,开始都市化建设,就出现了上海租界地的雏形。据1852年8月的统计,当时五港外国居留民登记簿人数为上海250人(内吴淞30人)、广东(广州)352人、厦门29人、宁波20人、福州15人。(当时在香港为1 541人)这些外国人有的带家属,但上述数字不包括家属人数。此外,还有在登记簿上写着"不在"的,也计数在内。广东是人数最多的,广东的居留区域是清朝划定的,没有像上海这样由外国人建设的租界。居住在上海的外国人中,领事馆最初有 15 人,传教士 22 人,吴淞系留鸦片贮藏船上有 30 人,三者合计为 67 人,还有数名医生,除这些人外,约有商人 170 人。商人是最大多数,大部分外商是贸易商,像怡和洋行这样有中文名字的洋行,共 44 家。大的洋行有怡和、宝顺祥记、仁记、旗昌等。十九世纪六七十年代,因受外商企业的刺激,中国的一些官僚、地主、商人,开始引进外国先进的生产技术和机器,投资于近代企业,中国民族资本主义工业在上海、广东、天津等沿海地区兴起来了。当时的近代企业有上海的发昌机器厂、广州的陈联泰机器厂、武汉的周恒顺机器厂及天津的德泰机器厂。随着民族资本主义的产生,中国的民族资产阶级也诞生了。随着殖民主义、帝国主义对中国多次发动侵略战争,强迫中国订立了多个不平等条约,中国的政治和军事被牢牢控制,封建统治阶级已变为它们统治中国的支柱,中国的财政和经济命脉也被它们牢牢掌控,中国的民族资本主义经济在屈辱中求生存,到了"是可忍,孰不可忍"的地步,1911 年 10 月 10 日夜武昌起义爆发,1912 年元旦中山先生就职中华民国临时大总统,宣告中华民国成立。3 日,中华民国临时政府成立。革命不是目的,建设我中华才是仁人志士的夙愿。

中华民国南京临时政府成立后,以振兴实业为目标,设立实业部,先后颁布了一系列有利于工商业发展的政策和措施,推动了民族资本主义的发展。出现了一个"黄金时代",这一历史事实基本上得到了公认。孙先生的建国理想的精髓即"强盛独立之中国"在《建国方略》中得以表达,针对上海,他在实业计划中用"以上海为东方大港"为名论述了他具体构筑浦东的设想,"上海现在虽已成为全中国最大之商港,而苟长此不变,则无以适合于将来为世界商港之需用与要求……欲于上海建一世界商港……上海之为中国东方世界商港也,实不可谓居于理想的位置"。《建国方略之实业计划》可以说是一本包括上海的"城市规划书",因此,孙先生被称为浦东开发第一人。"中国发展计划,上海有特殊地位",他对城市的规划和发展有其独特的思考,他的"东方大港"宏伟计划为我们勾画了一个现代化大港和港口城市的轮廓。在上海发展的进程中,民国初年的著名爱国民主人士黄炎培先生曾提出大浦东的概念,他建议设立浦东特区,所辖范围包括黄浦江以东、现在的浦东新区和奉贤区。1949 年上海解放后,陈毅市长也曾经有过开发浦东的设想。

然而,上海历史上是典型的租界城市,英、法、美等帝国主义国家在租界中各自为政,使整座城市建设缺乏统一规划,杂乱无章、畸形发展,连管道运行、电话接口等每个区域都是不一样的。道路狭窄,工业、商住、区域不分,市区人口密度、建筑密度过高,城市容量已达到超饱和状态。城市基础设施陈旧落后、道路交通拥挤、电力紧张、环境污染、电话、自来水、煤气等公用事业跟不上群众生活需要。1980年代之初,上海人均道路面积、人均居住面积、三废污染、车辆事故、人口密度等方面居全国倒数第一,各种不安全因素不断暴露,对整座城市的生产建设和人民生活造成威胁。其次,1980年代中期,异军突起的深圳、珠海和广州等南方城市的改革开放,让仍然处在计划经济下的上海备感压力,当时上海的经济增长水平甚至仅为全国平均水平的1/2。为了摆脱困境,上海的改革开放已成必然。

三、东海之滨的国际都市

几千年来,上海的发展和内地城市一样,始终是围绕着江河打转转,但这次上海的发展是极具前瞻性和跨越性的。首先突破的空间是跨过黄浦江;其次就是奔向大海。

(一) 向浦东进发

在浦东的悠久历史上,浦东并没有一个统一的行政区划,也就是说在中国历代的行政版图上,找不到浦东这一名称,即使散见于一些文献资料中,也是一个模糊的地理概念。直到1990年4月18日,党中央、国务院宣布浦东开发开放;同年10月11日,国务院批复,设立上海市浦东新区,撤销川沙县,浦东新区的行政区域即原川沙县全境,原上海县的三林乡,黄浦区、南市区、杨浦3区的浦东部分,面积为522.75平方千米,户籍人口156.2万人。1993年1月,中共上海市浦东新区工作委员会、中共上海市浦东新区管理委员会成立,这一事件被老百姓形象地说成"千年等一回"。浦东新区的开发开放,标志着中国的经济改革和对外开放,从区域性试验转入了全面展开和深化的阶段。上海是跨河型城市,黄浦江把它分成了东西两部分:浦东是长江三角洲东缘的一方扇形土地,东临长江主干道公海段,北扼吴淞口,处于中国"黄金海岸"与"黄金水道"的交汇点,自上海解放到浦东开发开放前的40年间,历史上黄浦江两岸没有桥梁和隧道沟通,一江之隔的浦东,除沿江部分区域,大部分是以农业为主。上海市社会科学院部门经济研究所副所长陈敏之,在主持国家"六五"计划课题《上海经济发展战略研究》时,重点参考了《建国方略》中就上海建设东方大港和开发浦东的规划思想。浦东新区总体发展规划经市人大常委会审定通过,规划明确了把浦东建成集中央商务区、自由贸易区、出口加工区、高科技园区以及海港、空港、铁路枢纽于一体,城乡协调发展、具有高度文明和国际水平的现代化新区。浦东开发开放的具体进程大致经过了3个发展阶段。第一阶段,从1990年4月至1995年,这一时期特点是高起点做好开发浦东的科学规划,逐步推开软硬件基础设施建设。首先开展的基础设施建设,主要集中力量进行新区道路、供水、供电、供气、通信等"七通一平"的市政基础设施和重点小区的基础开发。1990 年 9 月,成立陆家嘴、外高桥、金桥三个开发公司,负责上述浦东三重点地区的综合开发和经营管理。以交通、能源和通信项目为主的"八五"计划第一轮十大重点基础设施工程及各项配套设施项目:分别有南浦、杨浦大桥、杨高路拓宽改建工程、外高桥港区、合流污水工程浦东段等。同年,在外高桥率先建立我国第一个保税区。同时,海关、市外资委、市协作办、市财政局等部门在外高桥保税区和张江高科技园区进行企业设立登记制试点,为中外投资者提供"一站式"管理和"一条龙"服务。第二阶段,从 1996 年至 2001 年,这一时期主要特点是基础开发与功能开发齐头并进,在使浦东城市形态布局、重大基础设施建设、交通网络建设发生根本性变化的同时,重点打造由金融贸易、现代工业、现代农业、高新技术产业等构成的城区新功能,以"三港二线"为标志的十大基础设施工程全面展开,即浦东国际机场(空港)一期工程、浦东信息港、深水港一期工程、地铁 2 号线一期工程、外环线以及世纪大道、黄浦江观光隧道和东海天然气等先后建成投入使用。2001 年,借 APEC 会议主会场设在浦东之机,上海科技馆、新上海国际博览中心一期等建成开馆;磁悬浮列车等大力推进。浦东的基础设施实现了从基础型向枢纽型的转变。第三阶段,从 2002 年上海市第八次党代会后至今,浦东从大开发阶段进入重功能、重管理、重创新的新阶段。这一时期主要特点是产业发展由奠定基础转入重点提高创新能力,发展动力由主要依靠中央财政政策优惠支持和投资拉动转入主要依靠体制创新和扩大开放的综合优势,资源配置、要素整合、双向辐射、服务全国的功能不断强化。对于浦东的开发开放,党中央是有明确要求的,具体是"三步走":第一步"八五"时期为开发起步阶段,主要编制规划、整治环境和积极为吸引外资创造条件;第二步"九五"期间为重点开发阶段,初步形成基础设施比较配套的浦东新区大格局;第三步 2000 年后的二三十年或更长一些时间,为全面建设阶段,使浦东成为 21 世纪上海现代化的象征,成为适应国际性城市及外向型经济发展需要的世界一流水平的新区。浦东的开发开放所取得的成绩是有目共睹的,但同时,可开发利用的土地等资源日益紧张,地区综合商务成本不断提升,以及国际金融危机带来的不利影响,正在影响浦东进一步的发展,但从小渔村一路走来的大上海,它的目光深邃而又远大,那就是向东海跨越。

(二)向东海跨越

上海,有海吗?我们知道上海只是吴淞江上的一条支流上海浦而得名。上海的海在远离市区几十千米的东面,在南汇、在崇明、在金山,海边只有片片滩涂、丛丛芦苇,有的只是人迹罕至的处女地。如果说黄浦江是上海的过去和现在,那么大海就是上海的未来。

早在 1992 年,上海就将深水港建设列为新一轮城市基础设施建设十大工程之首。1996 年 5 月,正式开展洋山深水港区选址论证;2002 年 3 月,上海建造洋山深水港和东海大桥的项目经国务院审批认可。2002 年 6 月,开工建设;2005 年 12 月 10 日,洋山深水港区一期工程建成,并投入使用,它是中国最大的集装箱深水港。国际港口协会会长皮特斯特鲁伊斯先后三次来洋山港,他说:“我走过世界上所有大港,也见过一些建在海岛的港口,但像依托洋山这样的孤岛,在离大陆如此远的地方,建规模如此大的现代化港口,殊为罕见。”多年前的南汇被称为一个“布口袋”,即是一个交通死角。然而,作为洋山深水港的“第一腹地”、浦东国际机场的“第一站点”、拥有 600 多平方千米面积的南汇区,已形成了以临港新城为核心,洋山深水港的开发建设,使南汇独特的地理位置和优越的区位优势现出来。在土地资源紧缺的今天,南汇规划产业用地高达 187 平方千米,居全市之首,丰富的土地资源将催生巨大的产业发展空间。

一片“潮涨为海、潮落为泽”的茫茫滩涂,面积有 315 平方千米的临港地区,它是洋山深水港的陆域腹地和主要的集疏运基地。临港地区则被认为是上海新一轮发展的“黄金引擎”。对于正在“二次创业”的浦东来说,临港又是一个难得的新战场和新空间。至 2014 年 2 月,陆家嘴、金桥、外高桥、张江四大开发公司全部进驻临港。与此同时,浦东政府以“新型城镇化”为目标,浦东将高度关注临港的专案水平、产业能级、建设水平,提升开发的质量。毫无疑问,“决战临港”将给临港地区的功能布局、产业集聚带来全新的“激发效应”。浦东把自贸试验区作为当前和今后一段时期浦东改革的重中之重,把临港地区作为浦东“二次创业”的重要战场之一,对浦东而言,二次创业启动“市场之手”意味着更高要求——代表国家参与国际竞争,通过改革更好地运作国际国内两个市场、两种资源,把浦东打造成全球资源配置新节点。中国(上海)自由贸易试验区恰恰带来了全新机遇。因此,浦东举全区之力配合服务好自贸区建设,最大限度促进自贸区内外联动,发挥自贸区的“溢出效应”。未来的临港应该是依托集装箱国际深水枢纽港、国际航空枢纽港以及国家级现代化装备制造业园区,亦充分体现新世纪上海建设水平、相对独立、功能完善的综合型滨海新城,是社会、经济、环境、文化高度协调发展的魅力都市、碧水蓝天绿树环抱的生态都市、提供 24 小时活动的活力都市,也是上海继浦东开发开放之后独具辅城作用的又一战略重点发展区域。临港新城的建设将把上海由传统的依托黄浦江、长江发展走向海洋的重大战略转移,也是加快上海向纵深发展的重要举措,也是 21 世纪的上海实现跨越的希望所在,也标志着上海从此将由狭窄的黄浦江走进无垠的海洋,也将历史性地终结上海无海的现象。

总之,曾经以一江一河承托的城市上海,将面向大海,迎来新的千年难遇的机会,必将为让我们这个历史上习惯以陆地作为生存空间和生活方式选择地为主的国家,成为海洋大国而开先河。就像它曾经为我们这个民族的走向世界、走向现代化而开先河一样。

论穆时英海派小说中的都市意识

尤冬克

（上海电机学院马克思主义学院，教授，上海 201306）

穆时英是中国都市文学的先驱作家，从 1929 年发表处女作长篇小说《交流》起，1930 年代，他出版了《南北极》(1932 年)、《公墓》(1933 年)、《白金的女体雕像》(1934 年)和《圣处女的感情》(1935 年)4 部小说集。当时就有评论称："及穆时英等出来，都市文学才正式成立。"[1]今日论者也认为："在中国，真正的现代都市小说，大概只能从 1920 年代末、1930 年代初新感觉派出现的时候算起。"[2]穆时英是新感觉派的代表作家，上海又是中国现代都市小说的发祥地，他的小说言说的几乎又都是上海一座城，在现代渐成气候的海派叙事作家里，是穆时英最早、自觉或不自觉地迎面书写与诠释了对现代都市的认识。

一

柏拉图在《理想国》里，曾对城市的形成有一番简约、形象的比喻：人类耕作需要铁器，由铁器需求而出现作坊，由作坊生产和人们生活各方需求进而形成城市。这一解说虽然不适合中国传统的"城"，但非常适合上海的"市"，由"市"进而发展到"都市"，到晚清时，上海就已经是"江海涌津，东南之都会"了。1886 年，美国《纽约时报》就报道："上海是个好地方，这个城市及周围如有买不到的东西，都可由蒸汽轮船带进来……"[3]到 1943 年上海开埠以后，前"商业"加上后"殖民"，上海就成了一块与传统搭肩，但有很大异质性的"飞地"，中国开始了早期工业革命，上海成了亚洲最大的现代都市，文化南移，上海也成了全国的文化中心。过去，在梁启超写《新中国未来记》时，上海还只是主人公诸事不成的隐世之地，到了 20 世纪初，上海已经成了当时中国鸳鸯蝴蝶派、左翼与新感觉派三大主要文学流派的大本营。据此，上海成为鸳鸯蝴蝶派小说翻飞的背景，或是左翼小说拯救者的舞台。面对"万华缭乱"的文坛，穆时英说"我所关心的只是'应该怎么写'的问题"。[4]为此，他选择了凭感觉、给社会分层。

社会学分层理论认为，"社会分层是一种根据获得社会需求物品的方式来决定人们在社会位置中的群体等级或类属的一种持久模式"，即社会结构可根据人的"财富、权力和声望"来划分。[5]但穆时英的划分很简单，主要根据"财富"的多寡，把都市人大致分成穷人/富人，无产者/资产者、产业工人/资本家，上与下、南与北两个对立的层级。同时，也是依靠感觉，他最先关注的是那些都市贫民。他的第一个短篇小说集《南北极》（初版）的5篇小说和《南北极》（改订再版）后加上去的3个短篇都是上海的穷人叙事。这些小说写到了海上渔工，受工厂主和资本家欺压中国早期的产业工人，悲惨的女童工，被侮辱、被损害的舞女，有均贫富思想的流氓无产者，苦寒的小知识分子、店铺员工等。审视都市下层的视野不能不说很广。

在分层的基础上各表，实际穆时英更关注生活在都市里的另一层——富人。《公墓》《白金的女体雕像》和《圣处女的感情》这后3部小说集，特别关注了虽同为市民但财产、社会影响力、权力处于上层的有产阶层。在穆时英的富人叙事里，有钱人过着另一个世界的生活，他们有体面工作，受过很好的教育，有车、有房、有女人、有歌舞升平丰富的文化生活。穆时英写这些富人的上海故事时，有浪漫叙事，也有倾轧与较斗，也写到了他们的颓废与糜烂。

穆时英写都市的两元社会，有一个特点，那就是双重体验，但同时叙事，像1931年同时写了《南北极》和《被当作消遣品的男子》，1932年又同时写了《公墓》和《偷面包的面包师》，在"一个身体里住着好几个灵魂"，"这使起初对穆时英'加以最大的希望'的左翼很感失望"。[6]就连穆时英"甚至我自己也不懂这道理"，[7]他是左翼、还是属于通俗，还是倾向当时还很有市场的鸳鸯蝴蝶？都有，但还都不完全是，他小说里有传统的邪侠，也有鸳鸯风月的故事，像《黑旋风》连篇名都仿古，处女作长篇小说《交流》实际就是个鸳鸯蝴蝶的城市故事。他写都市人在穷富中翻上翻下交集，但很少触及左翼所强调的阶级对垒，更很少写到他们双方由阶级而产生的敌对自觉。是穆时英没有阶级观念？在当时由"左翼"执了中国文坛的牛耳"（郁达夫语）的情势下，大学里的文学青年穆时英，不可能没有此等意识，退一步说，在这之后的1935年，因民族命运堪忧，为号召全社会抗战，穆时英说"我们里边已经没有了阶级的分别"[8]即阶级本来就有，但在先前的创作中，是穆时英自我边缘了"阶级代言人"的叙事身份。说穆时英"双重人格"，不如说他对都市有双重感受，他对都市书写总的动因，实际就是他对这座都市总的感觉，也就是他在《上海的狐步舞》开篇慨叹、在结尾处又再次强调的那句话——"上海，造在地狱上面的天堂！"

感觉是穆时英思维的起点，也是他艺术表现的终点，穆时英通过感觉去认识上海镜像，又通过上海镜像进而去认识整个中国社会。他认为1930年代的中国

"一方面,最近代的生产技术与原始的亚细亚生产方式并存,封建经济与殖民经济互相交叉,资本主义社会形态与封建制度社会形态畸形地混合起来,民族资本和帝国主义的金融资本冲突着又联系着;另一方面,普遍于全世界的经济恐慌把中国也卷了进去,民族资本在帝国主义者的加紧侵略下差不多被全部毁灭,被收为附庸,农村生产系统加速度地分裂、崩溃".[9]穆时英此时对中国社会的分析,正是茅盾当时想通过《子夜》告诉我们的:"以前住在上海一样的大都市,而能作其生活之描写者,仅有茅盾一人,他的《子夜》写上海的一切,算带有现代都市味。"[10]但穆时英对茅盾坐在客厅沙发上给大都市"照相",通过远景扫描、做定性分析不感兴趣,他认为:"如果茅盾的《子夜》也值得我们花功夫去看的话,那么《死魂灵》就值得我们把它背熟。"[11]"有勇气读《子夜》的,都不妨把浪费在《子夜》上的时间来读一读这本《八月的乡村》——至少比《子夜》写的高明些。"[12]对《子夜》的贬损评价,虽有穆时英思想未臻成熟、年轻气盛,有文人相轻、逞一时之快的成分,但也可看出二人因都市意识与观念上的分歧,进而在小说艺术表现上的分野。

在给市民社会分层的基础上,穆时英还用最直观的方法,给都市男女,在属性上自然归类。受家庭环境及自身情感经历的影响,穆时英愿意、也擅长写上海女人。《公墓》《白金的女体雕像》《圣处女的感情》3个小说集,2/3的篇幅与大部分主题,都是围绕女人展开的。他笔下有二十世纪二三十年代,不同文化背景、社会地位的上海女人形象:舞女、招待、大学生、交际花、家庭主妇、食利的阔太、老妪乞丐、中国都市最早的产业工人等各色女市民。不管阶层如何,这些女人身上差不多都有相同的特质:精明、细致、对物质敏感、崇尚个性与时尚,这些因素都是都市商业环境而生成的气质秉性,在穆时英小说的女人身上,都或多或少地存在。可以说,穆时英是近代"上海女人"这张名片的早期翻印者。另一方面,穆时英也表现了既有"现代性",同时具有殖民色彩的都市文化对她们的形塑:女人要走出家门养家糊口,翠姐儿为一月几元的工钱,在沸水中剥茧(《手指》)。当有了在两个男人中选择的机会时,小玉儿看中的不是苦力汪大哥对自己的感情,而是有小汽车代步,到城里能开眼界、能享福的公子哥(《黑旋风》)。具有了现代女权意识的蔡佩佩(《五月》)。坐在咖啡厅里与异性讨论"人生"与"骆驼",能教男人"三百七十一种烟的牌子、二十八种咖啡的名目、五千种混合酒的成分配列方式"的"异教徒"女人(《骆驼·尼采主义者与女人》);夜总会里疯狂的黄黛茜(《夜总会里的五个人》);尽展女人性诱惑的蓉子(《被当作消遣品的男子》)等,在这些异于中国传统文化、带有明显都市气的女人身上,既裹挟着都市的污垢,也有现代文明涤荡后对旧传统的反叛,它们合流在20世纪初上海的街头,任意恣肆、大鸣大放地徜徉着。可以说,没有包括穆时英在内的、这份前序的、对"上海女人"的人文解读,海派的女性文化也就少了基本的文化注脚。

二

穆时英认为,艺术依靠直觉,没有新感觉,就不会有艺术的新表现。穆时英小说能在当时独树一帜,来自他的那份对生活与艺术直感的真诚,穆时英强调:"我是忠实于自己,也忠实于人家的人!"[13]因为忠实于自己的感受,穆时英在努力还原对都市的感觉,他笔下的上海,是一个充满物欲、摩登与颓废,同时,还在郁郁勃兴的大都市。

(一) 穆时英小说有立体建构海派都市社会的意愿

20 世纪二三十年代,现代都市与传统都城(如北京)相比,还处在"祛魅"认知尚未形成阶段。"京派"与"海派"攻讦的焦点,虽含有中与西、陆与海、传统与现代、旧道德与新道德等多重文化意象,但关键还是在对横亘老土地上的这一不中、又不全西、现代都市及其文化怎么看的问题上。实际也是两种城市意识、城市观念谁更有正当性的问题,"京派"观点认为,写都市的"穆时英大部分作品近乎邪僻文字","于人生隔了一层"。[14]否定了穆时英作品,也就等于否定了海派文化及其叙事。但穆时英说,我"就是在我的小说里的社会中生活的人,里边差不多全部都是我目睹的事"。[15]穆时英年纪轻轻,但小说世界中的人物已是林林总总,用今天的话说,金融业、教育界、服务业、企业公司、国家公务员、流氓无产者等各类市民都是他在小说中曾经关注过的对象。还有,穆时英在立体呈现都市社会时,通过小说渗透了现代文明与民本意识,他对和中国早期资本主义迅速发展相悖反,都市底层极端贫苦生存状态的悲悯,显示了穆时英对都市现实题材的敏感,还有他那份与自身阶层相违的良知。在鲁迅慨叹中国没有"都会诗人"余音未断的时候,他以一个初出茅庐写作者的身份,展示了上海上下社会层面很多人不同的生存状态,其使命意识与艺术胆识是有的。而且不光是在小说规模的整体建构,就在具体的小说环境描写上,也体透着这种心思,看《上海的季节梦·扉语》开篇:

> 街上泛滥着霓虹灯的幻异的光,七色的光;爵士乐队不知在哪里放送着,跑马厅的黝黑的大草原上,Saxophone 的颤抖的韵律,一阵热病的风似地吹动着;身边掠过的汽车遗留了贵妇人的钻石的流光、眸子的流光和出色的香水的缥缈的香气;穿了蓝布衣裤的工人们和黑棉布的旧袍的店员们抬

起了蒙古种的圆脑袋,背着手站在广告场前面,用迟钝的眼望着被探照灯的白光照射着的广告牌上的女人;小市民们带着妻子,一只手抱着小儿子,一只手牵了大儿子,穿了半旧的新衣服,摆着很满足于生活的脸色,向次等戏院走去,预备在那里消磨他的例假日的晚上——都市是那样闲暇,舒适,懒惰,而且灿烂的样子。

短短几行描写,浏览文字的人就知道,这是 20 世纪初的上海街道、三教九流、中西合璧、立体描写在画面里,是一个当时立体的上海都市社会。

(二) 穆时英小说还蕴有与传统城市相比,现代都市才有的张力

穆时英小说透露了现代都市包容与多元的文化、个性与竞争意识,讲效率与快节奏,有悖于传统的现代商业意识。如小说《烟》写一个经济学学士,有想着"上海有三百万人在吃饭"的心胸,有想当"一流的青年企业家"的理想,成立了自己的公司,不光实地干起,还有建小剧场、文学咖啡、出版社一揽子宏伟计划。不光写了这些,小说也写到中国民族资本萌芽时期,都市年轻人缺少历练和经验积累,所造成的溃败与破产。除了《子夜》中的吴荪甫,这可算是中国现代都市小说里,最早具有现代工业文明意识的人物了。相反,普通市民也有自在活法,《一个小人物的命运》就写小人物何绍箕,该上学时上学,该工作了就进洋行当会计,该娶妻时就娶了漂亮的太太,"对于自己的职位与薪水很满足","生活的五光十色的享乐的一面正在缓缓地铺展开来",理想虽然渺小,但何绍箕认为自己是"最幸福的人"。

有张力,是因为有活力、有功利,也就有动力。时评新感觉派,说刘呐鸥虽可"看出了这不健全的糜烂的罪恶的资本主义的生活的剪影",但也可见"那即刻要抬头来的新的力量的暗示"。到了穆时英,说"作者的确是努力在堕落的都市生活的混乱和厌倦中暗示着一种新的势力的勃兴"。[16]穆时英"海派"叙事,从内容到形式所具有的动势,与"京派"的清雅与闲适,已不仅是一种艺术追求,同时,也透露着一种现代都市的精神与气质,而穆时英就是这种现代质素的早期追随者和表现者。

(三) 穆时英的海派小说还最早渗透了现代都市与人发展的矛盾性

20 世纪初,上海正处于中国社会向近代转型时期的断裂带上。工业文明发展,本身就隐匿着异化的主题,而且越是大都市,这一主题诉求则更加强烈。像西方资本主义上升期,巴尔扎克笔下法国巴黎、狄更斯笔下英国伦敦一样,当时的上海,同样滋生着现代都市病。穆时英的小说,愿意特别关注在金钱与机械作用下,人在物欲与情欲中的撕扯、心理的荒原感和精神上的自我放逐。这就自然

使穆时英的小说有了异化的主题。这是当时中国只在上海这样的大都市所有，又符合新感觉派写作路向的主题，但穆时英与其他海派作家相比，对这一主题则更有敏感性，艺术表现的直觉也更具有现代性。他的一些短篇，像《黑牡丹》《夜总会里的五个人》《莲花落》《Craven"A"》《夜》《圣处女的感情》《谢医师的疯症》，都不同程度写到了这一主题。还有，穆时英写有产阶层时，离这一主题最近。如写人在不大的人生格局里颓废，无法找寻生命的支点（《被当作消遣品的男子》）。在狐步舞的追逐里宣泄精神与情感的迷失与拯救的危机（《上海的狐步舞》）。追逐利益，破产之日，就是自杀之时（《夜总会里的五个人》）。认为自己脱离了爵士舞、狐步舞、混合酒、八汽缸跑车等现代物质，就是"没有灵魂的人"的舞娘（《黑牡丹》）。心灵尽管寂寞痛苦，但还要"戴了快乐的面具"的余慧娴（《Craven"A"》）等。为此，穆时英在《白金的女体雕像·自序》中感叹："人生是急行列车……以一个有机的人和一座无机的蒸汽机竞走，总有一天会跑的筋疲力尽而颓然倒毙在路上的吧！"[17]

（四）在穆时英的小说里，现代都市开始呈现它本色质地，与传统中国乡村相比，现代都市呈现了它更多的未知和不确定性

都市是竞技场，不是传统文化旨归、乡村地方的桃花源。人生活在都市，一切都按资本逻辑运转，"被生活压扁"的是穷人，"从生活上跌下来"则由富变穷。而且"每一个人，除非他是毫无感觉的人，在心的深底里都蕴藏着一种寂寞感，一种没法排除的寂寞感"。

穆时英小说透露的现代意识，与半世纪后中国当代小说的现代派叙事又何其相似？不同的是，今天的"海派"叙事，抹去了那片历史天空的尘埃。相同的是，今天的"乡下人进城"或"城市化"等不同社会运动，实际也像穆时英笔下的上海叙事一样，都要经受同样症候的洗礼，都有穆时英"都市印记"里差不多相同的踯躅与喘息。城市，能让生活更美好，但它快速、动感、发展的晕眩，对当时的穆时英，还是对现在的我们，感觉应该有相同的地方。

还有，让海派叙事乡土化，穆时英是初期实践者。狭义的"乡土"指向乡村，但广义的"乡土"则包括城市在内、所在的故土及其地域文化。乡村的"乡土"，是地域、乡音、乡景、风俗、风物、乡村伦理等文化认知的集合，是"超稳定文化结构"，因此，乡村小说有"乡土"之根，但对都市小说来说，则需要培植，尤其是对海派文学根须下，这个由小渔村，依地理、商业以及进入近代以来特殊环境、海纳百川发展起来的现代都市来说，更是如此。

上海的"乡土"实际就是"海派特色"。当时热衷于写上海都市的小说家，都或多或少具有这种场域意识，但穆时英写乡土，没有施蛰存现代之"都"与乡村之

"乡"的潜在对比,而有的是传统之"城"与现代之"市"的对照。

近代的上海叙事,实际就是世俗与商业逐步融合的结果。像《海上花列传》《孽海花》写妓女闯荡上海,多写世俗中的江湖邪侠。鸳鸯蝴蝶小说的"商业"也多是从出版发行量考虑,而取悦世俗。左翼小说则或摒弃世俗,或在世俗中看社会分野。与这些上海叙事相比,穆时英小说则更多写了都市的商业气。街道如此,各色市民、芸芸众生都为生存来、都为利益往。因为有了现代的商业气,穆时英的小说也就有了海派的世俗性。在个人的小天地自在地过日子,左翼文学不为,也有些不齿。鸳鸯蝴蝶派虽也讲雅俗,但并不钟爱平常故事。穆时英却在平常的故事里,写了一般上海人的常态生活。因此,穆时英的海派叙事,保持了更多都市生活的质感,与当时的通俗小说相比,则有了更多生活化的写实成分。

白先勇在论及茅盾小说时说:"上海那样一个复杂的城市,各色人等、鱼龙混杂必然有它多姿多彩的一面,茅盾未能深入探讨,抓住上海的灵魂"。[18]"上海的灵魂"是什么?是"多姿多彩"的都市特色。张秋虫在《海市莺花》谈到了这个问题:"有钱的想到上海来用钱,没有钱的想到上海来弄钱,这一个用字和一个弄字,就使斗大的上海,平添了无数奇形怪状的人物……高鼻子的骄气、富人的铜臭气、穷人的怨气、买办的洋气、女人的骚气、鸦片烟的毒气以及洋场才子的酸气……"向钱看,穷人的地狱,冒险家的角斗场,这在欧洲资本主义上升时期,法国的巴尔扎克,英国的狄更斯小说里言之凿凿的镜像,在 20 世纪初穆时英的笔下,或多或少被"很中国""很现实"地展现。穆时英写出了现代都市的摩登性。今天的上海能被称为"魔都",从某些方面来说,应感谢过去历史人文积淀的醇厚。这方面,穆时英的贡献一直被研究者所乐道。要感觉一个城市,街道是它最容易、也最直接的体验场。穆时英专注、也擅长写上海街道,人所共识。与《子夜》对"机械的骚客,汽车的臭屁和女人身上的香气,霓虹灯管的赤光……梦魇似的都市精怪"的世界不感兴趣相比,穆时英好像是这导游,有目的、有内容地介绍这座都市,愿意把在现代工业机械的时速与西式生活方式,老中国百姓在工业机械与国家机器的双重倾轧下生存,围城与危城中的摩登性,那些有悖于中国城市传统,有殖民文化,但又有老旧中国特色的都市风景线,展示给人们看,因为这是当时上海特有的,也是穆时英特别想诉诸广大读者的。

三

有人说,上海是现代中国的钥匙,也就是说,它不光是一个地点,同时,还是一种文化隐喻。为此,对上海这座城,现代作家中有很多人不甚喜欢:周作人为贬损"上海气",还专门写文章。冰心到了上海,总是愿意宅在驻地,尽量不上街。徐志摩说,一谈到上海,就想到了美国的纽约、华盛顿,英国的利物浦,就想工业主义所能孕育的丑恶。蒋光慈更是直接表达了对上海的厌恶与鄙弃,说上海实在没有什么雅趣,徒觉得金钱气焰弥天,市侩的龌龊讨厌而已。

而穆时英则不同。穆时英虽原籍浙江,但生在上海,长在上海,上海话是他的乡音,家里有个"手指像是为骨牌而生"的母亲和银行家的父亲,青少年时期,生活里不缺别人的逢迎与白兰地酒的陪伴。家道中落后,从旧宅搬出,捉刀买文了,也不想降低生活品质,每天过着"上午怕你没起床","下午你却出去了",晚上是"和他的舞伴是所有跳舞的人中跳的最好的一对"的舞者。[19]结了婚,能和出身舞女的妻子,赌球输到提着高跟鞋赤脚回家。穆时英喜欢惊奇、刺激、求新、求变,喜欢"腔调"与前卫,就像他出生的这座都市。他熟悉上海,就好像老舍熟悉北京"每一探手,就摸上一条活泼泼的鱼儿来"一样。[20]

在中国文学世界里,非常坦诚地自认为是"地之子"的人很多,但表白自己是"城之子"的人却很少。这不仅是因为以"寓公"身份写作的人多,更是因为乡村叙事,具有宏达叙事主题的正当与正大性。但穆时英不避把上海看成自己的家。比较小城市,他说"在上海,雨会使霓虹灯柔和起来、朦胧起来"(《忆明若》)。他热爱上海,不只是出于生活方式的迷恋,更有是一个文人对故土的情感。看看他为寻妻赴港后,因太平洋战争而滞港写下的那些散文,足以可见他对上海的情感,上海在他心中的位置:"我怀念着,怀念着我的生长地上海——啊,母亲上海!"(《怀乡小品》)因"时常苦苦的忆念着上海","只要能再看见黄浦江的浊水,便会流下感激的泪来吧"(《无题》)。"一听到汽笛的声音,就想起故乡来"(《雾中沉思》),"几时才能回到这诞生了我的都市里去呢"(《无题》),以上撷句不难看出,上海是穆时英心灵的寄托,是穆时英心中最柔软的部分,他把上海视为自己精神皈依的故乡。

有家是因为有国,穆时英写上海,是和现代知识分子的家国情怀连在一起的,穆时英自己把它称为"种族的怀乡病"。[21]他到乡下扫墓、拜谒亲朋,虽然回到上海,还不由得慨叹:"多咱再回来呢?"(《旧宅》)他对因日寇入侵而流浪白山黑水的兄弟说:"站起来吧,没有故乡的人!……为了你们的家园——站起来吧!站起来吧!"(《归去来辞——站起来吧!你们》)"拒绝妥协,拒绝和解:齿还齿,眼还眼!"(《奴隶之歌》)"怀念着上海,因为她是我的,是我的中国的。"(《怀乡小品》)

司马长风分析《上海的狐步舞》时说:"'普罗文学'和'大众文学'全不是穆时英的真志趣,他所向慕的是烂熟的都市文明。"[22]因穆时英对"烂熟的都市文明"

如此的关注，与想方设法地再现（如对现代派创作方法的运用），很多人诟病穆时英的都市立场，认为穆时英的小说对上海滩十里洋场是"迷恋多于批判"。热爱、怀念故土是中华文化里最普遍的情感，谁都有，也谁都没错，不管是对乡村野舍，还是通都大邑，如果从这一角度说，穆时英的这些海派叙事，"恶之花"的毒性，是不是颜色还要算清淡了许多。

对上海，穆时英应算亲力亲为，自觉记录、自觉认知，最早的作家之一。穆时英有充满动感的都市生活经验，使他不会像茅盾那样，通过写作技巧，来遮蔽自身都市阅历的不足，他只要走在大街上，随处就能以老上海的眼光，看到这座都市社会的市井民风，因此，说穆时英的海派小说写得"很中国""很现实"，更确切地说，应该是"很上海"。

连续写上海这一座城，并且构成了明显渐进代际关系的，海派小说这种特点非常明显，这里，以穆时英为代表的新感觉派，作用不容小觑。是穆时英为代表的"海派"，缝合了海派叙事新旧链条接口上重要的一环。向前，有近代的张恨水、周瘦鹃、包天笑等的通俗小说。向后有 1940 年代张爱玲新通俗，再向后有王安忆的都市新写实。并且，这种代际关系层层向海派文化的内层和纵深挺进。肇起于晚清民初形成的通俗小说，毕竟有着旧小说的窠臼。有了穆时英为代表、1930 年代新感觉派的艺术实践，才使海派叙事的代际链条没有断在起势阶段。

在穆时英生活的那些年代，中国现代都市像穆时英的年龄一样年轻，年轻人有活力，但未免感性，缺少需用时间沉淀的理性，因此，穆时英摹写都市空间。到了张爱玲，写公馆；王安忆则把这份艺术的触角伸向了弄堂。穆时英关注都市的生存与生态；张爱玲回味曾经的上海传奇；到了王安忆则有了都市的价值选择。

穆时英一生没离开两座城——上海和香港。但对作"两都赋"，需指认两者关系时，穆时英的理路是清晰的。上海，在他的笔下，实际有两个：一个是把上海作为家的根；一个是书写时，敏感地站在现代都市的前台，回眸矗立身后老中国时，自身体悟出少根性的上海。一个是故土、故乡之根，一个是文化之根。而香港只是他望乡之地，他说："对于香港，这文化上的沙漠，我是一点好感没有的。"[23]像一般上海人一样，就像王安忆写知青返沪《本次列车终点站》所描述的那样，不管时间是以怎样的线性游走，上海终究是他最终的停靠站。

穆时英用一座城的视阈，结构了他全部的都市想象。沈从文因此说穆时英，"是'都市'成就了作者，同时也限制了作者"[24]作为"海派"对立面的沈从文，承认穆时英此在的"成"，即穆时英对海派都市叙事的贡献，而他的"败"，用今天的话来说，不能排除包括没有反映历史进程的宏大叙事、史诗作品的可能。这不光是穆时英，也是整个中国现代都市文学的遗憾。

都市本是现代文明发展的必然产物,都市也必须是文学的天然舞台。农民是否终结不是我们言说的话题,但都市的风景线在接连的城市化运动中不断刷新,确是事实。过去穆时英曾经在"感觉"与"现代"中掣肘的海派叙事,在今天中国现代史的第二次新转型中,有了正当、强大的道义支撑与提携,正因如此,我们不能忘了,海派叙事有前人的艺术经验,供我们借鉴和滋养。

参考文献

[1][10] 苏雪林:《苏雪林文集》第 3 卷,安徽文艺出版社 1996 年版,第 423、415 页。

[2] 严家炎:《略说穆时英的文学史地位》,《穆时英全集·代序》第 1 卷,十月文艺出版社 2008 年版,第 1 页。

[3] 安子:《中国历史碎片——西洋镜里看近代中国(1840—1949)》,北方文艺出版社 2014 年版,第 7 页。

[4] 穆时英:《南北极·改订本题记》,《穆时英全集》第 1 卷,十月文艺出版社 2008 年版,第 97 页。

[5] [美]戴维·波普诺著,李强译:《社会学》,中国人民大学出版社 1999 年版,第 261 页。

[6] 《编辑的话》,《新文艺》第 1 卷第 6 号,1930 年 2 月 15 日。

[7] 穆时英:《关于自己的话》,《现代出版界》第 4 期,1932 年 9 月 1 日。

[8] 穆时英:《自由之路——给自由主义者》,1935 年 6 月 26 日上海《晨报》。

[9] 穆时英:《我们需要意志与行动》,1935 年 9 月 16 日上海《晨报》。

[11] 穆时英:《文学市场漫步(二)》,1935 年 11 月 16 日上海《晨报》。

[12] 穆时英:《文学市场漫步(三)》,1935 年 11 月 23 日上海《晨报》。

[13] 穆时英:《公墓·自序》,《穆时英全集》第 1 卷,十月文艺出版社 2008 年版,第 233—234 页。

[14][24] 沈从文:《论穆时英》,1935 年 9 月 9 日天津《大公报》。

[15] 《新文艺》第 2 卷 1 号,水沫书店 1929 年。

[16] 杜衡:《关于穆时英的创作》,《现代出版界》第 9 期,1933 年 2 月 1 日。

[17] 穆时英:《白金的女体雕像·自序》,《穆时英全集》第 2 卷,十月文艺出版社 2008 年版,第 3 页。

[18] 白先勇:《社会意识与小说艺术》,引自吴福辉《老中国土地上的新兴神话》,《文学评论》1994 年第 1 期。

[19] 黑婴:《我见到的穆时英》,《穆时英全集》第 3 卷,十月文艺出版社 2008 年版,第 534 页。

[20] 老舍:《老舍文集》第 15 卷,人民文学出版社 1990 年版,第 430 页。

[21] 穆时英:《故乡杂记》,1933 年 4 月 19 日《申报·自由谈》。

[22] 司马长风:《中国新文学史》中卷,香港:昭明出版社 1976 年版,第 8 页。

[23] 穆时英:《希望实现了》,香港 1937 年 10 月 31 日《大众日报》。

无序自治：沟通受限与公民参与的个体化

——以上海市社区研究为例[*]

张丹丹

（上海电机学院马克思主义学院，讲师，上海 201306）

引　言

上海是受我国传统计划经济影响非常严重的城市，国有大中型企业最集中、居住密度较高和人口城市化速度较快的大都市。从行政管理上的单位包干制到社区服务制的转移，给社区建设提出了严峻的考验，上海从"两级政府、一级管理"到"两级政府、两级管理"到"两级政府、三级管理"再到现在的"两级政府、三级管理、四级网络"，行政体系上有其自身的特色，因此，社区建设的内容和方式也会具有自身的特点。从上海的历史文化发展的特点来说，上海的历史和现状"多元共处，和而不同"的特点也是社区建设的历史文化传统和底蕴，是社区建设中必须要考虑的一个文化因素。作为现代化和国际化的大都市，如何培养社区居民社区建设的共识，如何理解社区居民之间、居民与社区组织之间、社区组织与社区组织之间的关系，将社区建设和社区自治研究立足点基于这个现代化和动态化的不断变迁中的城市居民，这是我们在研究上海城市社区自治必须要把握的几个方面。① 费孝通提出的社区建设中守望相助和共同体的目标需要社区居民在参与社区自治和建设的过程中，通过相互的沟通与合作对话，达成一种共同意识，基于个体的或家庭的多样化的生活方式和形态的基础上找到一种共性的东西，这种共性的东西是社区居民对社区的一种认同，更多的是一种文化认同，包括对社区的归属感。本文关于社区自治中公民参与的特质和社区自治呈

＊　本文受上海电机学院学科建设项目资助（编号16TSXK03）的研究成果之一，也是上海电机学院校立项目《社区自治的路径研究》（编号14QD29）的研究成果之一，同时，也是基于《上海市 GM 街道楼组自治项目》和《上海市 ZB 区自治家园建设项目》这三个项目中所参与的实地调查所获取的一手资料。

①　费孝通：《居民自治：中国城市社区建设的新目标》，《江海学刊》2003 年第 3 期；费孝通：《当前城市社区建设一些思考》，《群言》2000 年第 8 期；费孝通：《中国现代化：对城市社区建设的再思考》，《江苏社会科学》2001 年第 1 期。

现的主要特征之一——无序自治，主要是基于对上海市几个社区的实证调研和分析的基础上而得出的。

一、关于公民参与的问题

国外对公民参与问题的论述，是以自由主义和社群主义为理论切入视角，首先对公民资格有所认识，公民资格主要分为积极公民资格和消极公民资格。积极公民资格在社区参与中表现为积极参与者，即参与各种各样社区事务和社区组织中的公民，消极公民资格在社区参与中表现为搭便车者和看门人，搭便车者即在社区中接受了其他人为之付费的服务，这些人很少关心社区事务，而总是倾向于让其他人替他行使公民资格的职责，看门人即想要参与社区事务，但这些人只参与到少数直接关系他自身利益的关键议题。从概念界定看，积极参与者和搭便车者分别处于两端，看门人处于中间位置。由此所形成公民参与的形式主要表现为两种方式，即公民受托代理委员会（citizen commission）和公民委员会（citizen committee）。① 具体来说包括关键公众接触（key contacts）、公民大会（public meetings）、咨询委员会（advisory committees）、公民调查（citizen surveys）、由公民发起的接触（citizen contacts）、协商和斡旋（negotiation and mediation），然而，这些形式并不能在公民和公共管理者之间形成一种良性互动，公民参与需要有更加完善和高级的形式，比如申诉专员和行动中心（ombudspersons and action centers）、共同生产（coproduction）、志愿主义（volunteerism）、决策中制度化的公民角色（institutionalized citizen roles in decision making）、保护公共利益的结构（structures for protecting the public interest）。②

以上关于公民资格和公民参与形式的讨论是基于美国资本主义社会的分析，由于制度基础和公民参与环境等方面的差异，中国的公民参与的实际情况与以上这些形式有所不同。俞可平认为，公民参与通常又称为公共参与、公众参与，就是公民试图影响公共政策和公共生活的一切活动。公民参与的形式有很多种，包括投票、竞选、公决、结社、请愿、集会、抗议、游行、示威、反抗、宣传、动

---

① ［美］理查德·C.博克斯著，孙柏瑛等译：《公民治理：引领 21 世纪的美国社区》，中国人民大学出版社 2013 年版，第 42—55 页。

② ［美］约翰·克莱顿·托马斯著，孙柏瑛等译：《公共决策中的公民参与》，中国人民大学出版社 2010 年版，第 8—9、98 页。

员、串联、检举、对话、辩论、协商、游说、听证、上访等。① 从诸多学者对中国社会的公民参与来看,可以分为政治性的公民参与和社会性的公民参与。政治性的公民参与其理想状态和集体塑造有关,也就是和参与选举、代表居民群体及其利益以及党内组织和协会组织等形式的活动有关。而社会性的公民参与主要不是涉及集体的制度性塑造,而是和特殊居民群体的照料或财政资助、社区美化和基础设施建设有关。② 从中国社区发展和治理的实际情况看,公民参与的途径主要是通过自治组织或者民间组织来实现的,虽然自治组织和民间组织作为参与的重要途径还存在诸多的问题,但却承载着公民参与和有效的社区治理的重要功能。自发的参与形式也存在,比如兴趣小组等,但是这种参与还未形成稳定的机制。

公民参与是对公民权利的一种表述,通过这种方式,无权者能够促进重大的社会变革,从而使得他们能够分享到富足社会的好处。公民积极的社区参与不仅促使政府公共决策的制定更加理性化与合法化,也促使民众积极关心自己居住的社区,增强民众作为社区人的责任感,从而也增强了民众的社区归属感与对社区文化的认同,因此,社区居民的积极参与是实现守望相助共同体的前提条件,也是实现社区治理善治的必要条件。

然而,社区居民的参与形式和特点却出现了一些消极的特征,由于外在的制度设计的结构性制约使得社区居民的参与呈现出被动性的特点,加上受制于社区居民个体的能力、意识、文化等方面的因素,社区居民的参与呈现出了无序化、个体化的特征。

二、公民参与的特征:无序化与受制性

公民社区参与的受制性③主要源于外在体制的结构性制约,这种结构性的制约体现在几个方面,即制度设计的缺陷以及规则和资源方面。除此之外,公民要达到富有意义的参与仍然存在着难以克服的障碍,其中一个重要的障碍就是那些政治上或经济上的强势人物抵制公民参与,他们把公民参与看作是一个潜在的威胁。④ 这其实也是政府管理的一个悖论,一方面,希望社会有能力自己管

---

① 贾西津主编:《中国公民参与——案例与模式》,社会科学文献出版社 2008 年版,第 3—4 页。
② [德] 托马斯·海贝勒、君特·舒耕德著,张文红译:《从群众到公民——中国的政治参与》,中央编译出版社 2009 年版,第 93 页。
③ 受制性这个概念主要引自沈关宝教授的《人格塑造、文化认同与社区参与》一文。
④ [美] 理查德·C. 博克斯著,孙柏瑛等译:《公民治理:引领 21 世纪的美国社区》,中国人民大学出版社 2013 年版,第 55 页。

理,能够减轻政府的负担;一方面,似乎又不放心放手让社会自己去管,这种尴尬的局面就造成了目前社区自治的过程空间的有限性。

公民社区参与的消极性和被动性一方面是源于社会结构转型和传统文化的根深蒂固性。在单位制解体之前,民众已经习惯了对单位的依赖,工作和生活都是由单位而联结在一起;单位制解体后,社区成了民众生活的共同体,而在这样的共同体中,居民之间还是比较陌生的,对社区服务、社区活动大部分居民也是持着观望的态度,与自己利益无关的社区活动很少会主动去参与,由此社区居民的社区参与带有一定程度的被动性和消极性。加上"家丑不可外扬",以及有矛盾有困难先找亲戚等传统文化的影响,通过社区资源来解决和协调家庭内部的矛盾就显得有些尴尬,由此也减少了社区居民在社区层面的参与,社区作为守望相助的共同体还未发挥其功能。另一方面是源于长期的"顺民",缺少积极参与的公民,有了秩序却少了活力。社区居民似乎已经养成了由别人来替自己作决定或者由别人来替自己行使社区管理事务的权力的习惯,对于社区事务管理过程中的不够民主的行为方式也是睁一只眼闭一只眼,只要不涉及个体的利益,比如投票选举,大部分的社区居民都没有好好行使过自己的投票权,只有当自己的利益受到侵犯时,才会选择投反对票或者弃权。从这个层面来说,其实目前中国的社区居民缺乏的是一种公共责任心,即对社会、对他人利益的一种责任心。

社区中也有一部分居民体现了参与社区事务的积极性,我们将这部分居民称之为积极参与者,他们或者因为自己的一份热心,或者因为某个部门或者某个关键人物的委托(比如街道推选的业委会委员),或者因为打发闲余时间等而参与社区公共事务的管理或参与社区活动。但总体上看,这样一些人的参与还未能在社区中形成一种有序的参与,这样一些零散的个体行为的参与体现了无组织化和个体化的特征。通过自治组织来实现社区的参与过程,也会由于自治组织自身的能力和外在制度环境的制约而影响其组织的有序性,通过社区的志愿团体来实现社区活动的参与,如互助小组、娱乐小组等,也会因为团体负责人的稳定性和人员参与的稳定性及外在制度环境的制约而影响志愿团队本身的稳定,从而也难以形成有序化、有组织化的活动的开展,往往都是名存实亡的。

三、沟通受限与无序自治

社区居民个体行为的无组织和无序化主要是因为居民之间缺乏基本的共识,这种共识只有在试图相互沟通的各利益攸关方拥有共同知识背景的条件下才可能达成。它是言语者和听众同时从他们各自的生活世界出发,与客观世界、社会世界和主观世界发生联系,以求进入一个共同的语境。[①] 沟通主体之间从目的理性走向沟通理性,并通过语言的媒介让希望彼此真诚了解的人们不受任何内在或外在压力的影响而达成共识。[②]

哈贝马斯认为,主体间只有实现有效的、无障碍的沟通,才能实现真正意义上的个体与个体之间的良性互动,并消除由于资本主义发展所带来的一些弊端。笔者认为,这个观点也可应用于社区自治的理论与实践中。只有实现真正的、无障碍的沟通,才能达成有效社区参与和自治所需的基本共识。现实情况是,在社区自治和建设过程中往往存在沟通障碍,居民之间、居民和外在组织的相关人物之间无法实现有效的、理性的沟通,导致个体要么表现出普遍的冷漠,要么出现非理性的偏激行为。居民之间、居民与外在组织相关人物之间沟通不畅,或者是一种非理性的、有障碍的沟通,导致在社区自治过程中出现大量无组织的失序行为。这与有序自治是相对立的,本文称之为"无序自治",主要是指居民在参与社区自治过程中,由于缺乏有效的、理性的沟通,而呈现的无组织、无序化的行为方式和模式。具体来说,无序自治可以从以下几个方面来理解:

1. 沟通行为理论是我们理解无序自治的理论基础。哈氏提出的沟通行为从某种意义上说其实是一种理想的预设,换句话说,要在现实生活中实现哈氏提出的基于共同知识背景的沟通行为及效果是有较大难度的。从社区居民零散的个体行为转化成有序化、组织化的集体行为,实际上就是期望能够达到哈氏提出的不受沟通限制的、从行为个体的共同知识背景出发而形成良性互动的沟通行为。显然,这种理想的行为模式迄今仍未达到。

2. 无序自治普遍存在于社区自治实践中。这主要是因为长期以来我国公众参与社会公共事务的消极被动性,尚未形成健康、理性、成熟的社区文化,社区居民对自身生活于其中的社区并未形成较强烈的集体认同。长期以来形成的"与己无关、袖手旁观"的意识,以及"家"的概念和范围限制,使得大部分社区居民虽然也关注与切身利益密切相关的现实问题,却未上升为主动的、集体的关心,也未升华为统一的社区文化认同。

3. 无序自治的出现也与个人能力和认知有关,特别是社区中民间领袖的个人气质、能力,及其在社区中的发挥空间。

社区自治空间的有限性导致自下而上的有序的社区自治路径难以形成,社

---

① 哈贝马斯著,曹卫东等译:《交往行动理论——第一卷　行为合理性与社会合理性》,上海人民出版社1999年版,第95页。

② 沈关宝:《公共空间与社会结构》,《社会转型与社区发展——社区建设研讨会论文集》,2001年,第40页。

区自治中居民参与呈现无序化、零散化和个体化；社区居民集体意志的表达也缺乏畅通渠道与有效程序，导致自治领域缺乏必要的秩序、规则和能力，从而不利于自治目标的实现。自治空间受到人为限缩，致使社区居民很难通过有序化的组织形式以实现个体行为的集体化整合。反过来，正因为公民参与的无序化、个体化和被动化，使得社区居民的个体能力以及他们通过组织实现自治的集体能力和效率都非常低下，政府更不愿意或不放心把社区自治真正交给居民去管理。质言之，自治空间的受限与公民参与的无序化是一种相互加强甚至恶性循环的关系。

无序自治制约了公民参与的主动性和有序化，不利于公民参与过程中共同文化认同的构建与价值取向的统一。无序自治也导致基于无障碍、理性沟通的守望相助共同体难以形成。公民参与行为从无序转向有序，是实现社区自治终极目标的必然要求，也是实现理想的社区自治路径和模式的基本条件。无序转向有序的过程，也是社区公共空间萌发的社会基础，需要社区公民个体对自身行为作出反思，这种反思基于吉登斯提出的个体行为对外在结构的反思性特征，也是基于哈贝马斯提出的个体与个体之间的双向沟通和沟通障碍的消除。

四、社区公共空间萌发的社会基础：个体行为的反思性特征

以哈贝马斯的沟通行为理论作为分析框架，我们发现，社区居民在实现自治过程中，要达到哈贝马斯所说的这样一种建立在理解基础上的双向沟通，就需要个体性行为具备以下几个特征：（1）个体具备充分完善的发展空间和自由度；（2）高度的社区文化认同；（3）广泛的有序的社区民众的参与。然而，由于结构性制约所导致的偏态自治以及外在的制度机制对生活世界的干预，呈现出了"生活世界殖民化"的现象。生活世界的殖民化现象限制了个体在社区中得到充分自由的发展，同时，也导致社区居民对社区文化的认同产生分离，致使自下而上的社区自治难以实现。

（一）个体充分自由的发展空间

历史上对个体自由的论述，主要是从哲学家们对自由的追求和论述为起源的，主要表现为自由是个体对善的追求以及强调自由的绝对性和高度抽象性，马克思恩格斯对人的自由和全面发展进行了充分论述，在《共产党宣言》中指出："代替那存在着阶级和阶级对立的资产阶级旧社会的，将是这样一个联合体，在那里，每个人的自由发展是一切人的自由发展的条件。"[①]个体充分自由的发展

---

① 马克思、恩格斯：《共产党宣言》，人民出版社 1997 年版，第 50 页。

在社区自治层面涉及几个关键的问题,1. 个体自由和全面发展的空间,即社区给人自由而全面发展的场所与领域;2. 个体自由和全面发展的意识主张,这就涉及了社区的教育和社区文化方面的问题。第一个方面关于发展空间的问题,本质上也是涉及了个体参与社区事务的权力问题,即实现社区居民充分和全面的参与,为社区居民充分自由地参与社区事务提供应有的空间,而这样的发展空间是社区公共空间萌发的社会基础之一。

具体来看,个体充分自由和全面的发展空间涉及几个层面:

1. 有关社区事务的言论自由。这里的言论自由主要涉及的是居民在关心和参与社区事务管理过程中有发表自己的意见和建议的自由,比如推选自治组织的成立,社区重大项目的讨论决定事宜,社区层面存在言论自由的一个场所,如各种形式的论坛、组织会议的形式,外在的职能部门不予干涉。言论的自由不仅能激发居民参与的热情,也能从语言的沟通和交流中达成社区建设的共识。

2. 参与社区事务和活动的选择自由。社区事务的管理和社区活动的开展给居民提供了高度的自由度,换句话说,居民有选择参与和不参与的自由,当然,从社区自治的本质来说鼓励的是居民的有序的参与。在这里所谓的选择自由,强调了居民参与的主动性问题,尽量摒弃居民参与的被动性和形式化,而是通过主动性的参与使得居民在社区参与过程中获得个人的成长和满足。

3. 维护自己权力的自由和渠道的通畅。国家似乎总是会害怕集体的维权,或者对个体的维权置之不理和相互推诿,甚至试图将这样一些个体的维权作为"不和谐因素"而避免公开化,由此对居民而言维护自己权益的渠道显得封闭而艰难。社区居民个体充分自由和全面的发展,需要建立一套上下顺畅的机制和渠道,为社区居民维护自己的权益提供机会和制度保证。

4. 自由同时也是一种责任。个体充分自由和全面的发展也不是绝对的或者是无限制的,自由同时也是一种责任,这种责任不仅是对自己行为自由的责任,也是对他人、对社会的一种公共责任。因此,个体的行为不仅受到法律规范的约束,也会受到来自社区居民合作对话基础上所达成的一种基于共同意识而形成的约束,前者来自成文的外在的制度环境的约束,后者则来自民众内部形成的自觉意识的觉醒。

(二) 高度的社区文化认同

高度的社区文化认同应该是一种价值取向,而不仅仅是目前社区普遍存在的文化活动的参与,这种价值取向其实也就是哈贝马斯所说的公共领域的形成,社区居民有一种自觉的凝聚力,将彼此凝结成一个守望相助的共同体,这个共同体的概念某种意义上说是居民心里的"家"的概念。① 而中国文化中，"家"的概念是非常模糊的，家是以己为核心而不断往外推的一个同心圆，是以私人联系所构成的网络②，也就是费孝通所说的差序格局的概念，而传统文化的乐章中历来缺乏团体性和公共性的声音③。

由此，高度的社区文化认同的形成就需要具备两个必要条件，1. 社区居民自觉的凝聚力，这种自觉的凝聚力是出于社区居民对社区"某方面"的自觉认同。这里的"某方面"可以是关键事件引起的（如维护社区绿化而成立 QQ 群共同讨论如何维护居民权益），也可以是对社区呈现的文化模式和文化氛围的认同，也可以是因为某个社区民间领袖的气质导致的，而这种自觉的凝聚力就需要个体充分自由而全面的发展。2. 自觉凝聚力基础上的价值取向的一致性④，即社区居民的自觉凝聚力是基于一种共同意识，而这种共同意识的形成是社区居民在充分自由的合作对话基础上形成的，同时共同意识也需要在一个共同知识背景下形成，基于居民平等交流、合作对话下的公共空间，因此，公共空间的形成与社区居民价值取向一致的自觉意识的萌发是相辅相成的。

（三）广泛的社区民众主动参与

社区民众参与公共事务的主动性反映了基层民主的本质特征，正如阿尔蒙德等通过 5 个国家政治文化的研究比较提出的观点："熟练的、参与的、理性的、主动的公民更多地存在于成功的民主国家。"⑤由此他们认为，作为符合政治文化的公民文化，公民的参与意识很重要，是一种主动的参与意识，同时服从意识也很重要，因此民主国家的公民文化体现出来的是熟练的、参与的、理性的、主动的，参与主动性同时也需要公民有序的、有组织的参与，即哈贝马斯所说的基于合作对话基础上形成的一种沟通行为式的参与。这种自发的、主动地参与模式的形成首先要基于社区内部的志愿精神的形成，即那种不计较金钱、物质报酬，为使社会得到改善和发展而自发地参与社区活动的精神。⑥

实际上，广泛的社区民众的主动参与，不仅强调了参与的广泛性与普遍性，更强调了参与的主动性，社区民众参与的态度比参与的人数显得更重要。比如在自治组织的换届选举中，似乎参与的社区居民的数量达到了一定的规模，形式

---

① 沈关宝：《人格塑造、文化认同与社区参与》，《社会》1997 年第 12 期。
② 费孝通：《乡土中国》，上海世纪出版集团 2007 年版，第 29 页。
③ 沈关宝：《人格塑造、文化认同与社区参与》，《社会》1997 年第 12 期。
④ 沈关宝：《人格塑造、文化认同与社区参与》，《社会》1997 年第 12 期。
⑤ ［美］加布里埃尔·A. 阿尔蒙德、西德尼·维巴著，马殿君等译：《公民文化——五国的政治态度和民主》，浙江人民出版社 1989 年版，第 564 页。
⑥ 沈关宝：《人格塑造、文化认同与社区参与》，《社会》1997 年第 12 期。

上似乎达到了社区居民广泛的普遍的参与,但是,在这些参与的人数中有多少居民是出于主动的、自愿的参与呢? 估计为数不多。人数众多的规模化参与并不一定能够反映多数居民的真正需求,由此,本文在这里所强调的广泛的或者普遍的参与更多强调的是一种意识层面,而并非人数规模层面,即这种广泛性可以是主动的一定规模的居民的参与,也可以是通过民主协商基础上而达到代表性的参与。

余　论

社区自治过程中的无序自治限制了社区居民普遍的、主动的、有序的参与,而这种无序自治主要是因为居民之间的沟通障碍所造成的,当然和外在制度设计和结构性制约也有关系。未来社区自治路径的形成有赖于居民之间的相互沟通,有赖于有效的合作对话模式所达成的有序的、有组织的集体参与。这种有序的、有组织的集体参与需要居民对社区产生一定的归属感和认同感,同时,社区民间领袖的培育、社区自治载体的形成以及社区民间组织的发育和成长也是必不可少的。从无序自治转向有序自治的过程是实现自然地理状态下的"小区"向社会人文状态下的"社区"转变的重要条件,也是理想类型自治路径的重要特征之一。

参考文献

［1］ 费孝通:《居民自治:中国城市社区建设的新目标》,《江海学刊》2003 年第 3 期。

［2］ 费孝通:《当前城市社区建设一些思考》,《群言》2000 年第 8 期。

［3］ 费孝通:《中国现代化:对城市社区建设的再思考》,《江苏社会科学》2001 年第 1 期。

［4］ 费孝通:《乡土中国》,上海世纪出版集团 2007 年版。

［5］ 沈关宝:《公共空间与社会结构》,《社会转型与社区发展——社区建设研讨会论文集》,2001 年版。

［6］ 沈关宝:《人格塑造、文化认同与社区参与》,《社会》1997 年第 12 期。

［7］ ［美］理查德·C.博克斯著,孙柏瑛等译:《公民治理:引领 21 世纪的美国社区》,中国人民大学出版社 2013 年版。

［8］ ［美］约翰·克莱顿·托马斯著,孙柏瑛等译:《公共决策中的公民参与》,中国人民大学出版社 2010 年版。

［9］ 贾西津主编:《中国公民参与——案例与模式》,社会科学文献出版社 2008 年版。

［10］ ［德］托马斯·海贝勒、君特·舒耕德著,张文红译:《从群众到公民——中国的政治参与》,中央编译出版社 2009 年版。

［11］ 哈贝马斯著，曹卫东等译：《交往行动理论——第一卷　行为合理性与社会合理性》，上海人民出版社 1999 年版。

［12］ 马克思、恩格斯：《共产党宣言》，人民出版社 1997 年版。

［13］ ［美］加布里埃尔·A.阿尔蒙德、西德尼·维巴著，马殿君等译：《公民文化——五国的政治态度和民主》，浙江人民出版社 1989 年版。

上海地方性立法的回顾与展望

张 瑞

(华东政法大学研究生教育院,博士,上海 201620)

自党的十八大以来,上海地方立法再次源源不断地感受着党中央各项全面深化改革决策送来的东风。在改革开放的 30 多年中,上海在各方面都取得了可喜的成绩,尤其是在地方立法方面不但为其他地方的立法提供了有益的借鉴,而且为制定全国性的立法提供了宝贵的经验。在即将开启"十三五"规划新时期的时刻,对上海过去的地方性立法作全面的评估,使上海汲取立法经验、吸取教训,趁着东风继续进行有特色的立法以适应、引领、保障改革开放,具有重大的意义,也是合时宜的。

一、上海地方性立法与我国的立法体制改革如影随形

上海市人大及其常委会享有制定地方性法规的权力,是我国的改革开放决策在立法体制上的表现。随着地方立法权实践的成熟和稳重,上海地方性立法与全国其他地方的立法一道发展成为我国立法体制和立法体系中不可缺少的一环。

(一) 上海地方性立法以我国立法体制的改革为基础

研究上海地方立法权,必须从我国的第一部宪法说起。这部宪法对我国的立法体制实行"一刀切"的方法。1954 年宪法规定,全国人民代表大会是行使国家立法权的唯一机关,常务委员会仅享有"制定法令"的权力。然而,这样的规定不能适应国家建设和工作的需要,随后作出两次授权,1955 年,一届全国人大二次会议通过了关于授权全国人大常务委员会制定单行法规的决议;1959 年,二届全国人大一次会议通过授权全国人大常务委员会修改部分法律的权力。[①] 由此,踏响了我国立法体制改革的脚步。

对我国的立法体制作出鲜明改革的是 1979 年地方组织法的修改,赋予省、

---

① 参见韩大元:《1954 年宪法制定过程》,法律出版社 2014 年版,第 397 页。

自治区、直辖市的人大及其常委会制定地方性法规的权力。以此为根据,1979
年 12 月 29 日,上海市人大设立了常务委员会,并且有制定地方性法规的权力。
随后,上海市人大及其常务委员会即投入相关的立法活动中,例如,1980 年,制
定《上海市人民代表大会常务委员会关于加强与市人民代表大会联系的暂行办
法》;1981 年,制定《上海市人民代表大会常务委员会关于刑事案件办案期间问
题的规定》等。我国已经制定现行有效法律 240 多件、行政法规 740 多件、地方
性法规 8 500 多件、自治条例和单行条例 800 多件,形成了中国特色的社会主义
法律体系。而自 1980 年到 2015 年 7 月 23 日,上海市人大及其常务委员会在维
护国家法制统一的前提下,充分发挥地方的积极性和创造性并结合上海的实际
情况,共制定地方性法规 236 件,内容涉及各个方面,旨在结合区域特色更好地
执行法律、贴近实际地进行行政管理以及进行先行性立法,以弥补国家相关领域
的空白,丰富、完善了我国的法律体系,是其中重要的组成部分。

1982 年宪法不仅对 1979 年地方组织法的规定予以确认,还规定国务院有
权根据宪法和法律制定行政法规。在此基础上,地方立法权不断地得以丰富和
完善:省、自治区政府所在地的市和经国务院批准的较大的市也享有地方立法
权;赋予经济特区所在地的市人大及其常委会制定地方性法规的权力;2015 年
《立法法》的修改,又统一规定为设区的市的人民代表大会及其常务委员会享有
地方立法权。至此,我国的立法体制日趋成熟、完善。立法体制的完善,促进了
我国法律体系的形成,地方立法权的获得奠基于立法体制的改革和完善,丰富了
我国的法律体系。

我国立法体制的改革历程,是不断下放地方立法权的过程,为地方立法权的
行使提供了重要的支持,也是我国处理中央与地方关系策略的重要体现。上海
地方立法权的获得得益于这样的改革。

(二) 地方立法日臻成熟,共同丰富了法律体系

我国《立法法》对地方性法规立法权限进行了原则性的规定,而不是具体的
列举,这就决定了地方性立法的使命不但是将要执行的国家立法根据本区域的
实际情况具体化,还有权对纯属地方性事务或具有地方特色的事务作出规定,更
有权对国家尚未立法的领域进行先行性、实验性立法,为制定全国性的立法提供
经验。其中,尤以先行性、实验性立法更能体现地方立法的特色,对国家的立法
更具有推进作用。

1982 年,五届全国人大五次会议通过了修改《地方各级人民代表大会和
地方各级人民政府组织法》的若干规定的决议。但是,当时只是根据宪法作
了一些必要的修改,没有对地方各级人大代表提出议案或建议、批评和意见

作出规定。① 从 1982 年到 1983 年,9 个省级人大制定了关于代表议案的暂行规定,将过去由大会审查处理大量代表提案,改为代表议案或建议、批评和意见分别处理。这些地方性法规的制定与实施,为国家制定全国性的法律提供了丰富的经验,到 1986 年,《全国人民代表大会组织法》《地方各级人民代表大会和地方各级人民政府组织法》对全国人大代表和地方各级人大代表提出议案或建议、批评和意见分别作了规定。这有力地证明了地方立法对全国立法的促进作用,以及对完善法律体系的作用。

在促进人大及常委会自身的民主与监督方面,上海的地方立法也成果丰硕。2004 年,上海制定了《关于公民旁听上海市人大常委会会议的规定》,这是对《全国人民代表大会议事规则》中规定的细化、落实,并且也运用于立法实践中:2014 年,市十四届人大常委会发布了公民旁听本次会议的有关事项的公告。在这次会议上,听取和审议市人民政府关于本市贯彻实施《中华人民共和国农产品质量安全法》《中华人民共和国食品安全法》和上海市实施办法情况的报告,及市人大常委会执法检查组关于检查本市贯彻实施《中华人民共和国农产品质量安全法》《中华人民共和国食品安全法》和上海市实施办法情况的报告。这为公民了解并监督政府的工作,提供了制度上的保障。

上海作为改革开放的重镇,立法经验较为丰富,它的立法往往能够影响、改进全国其他地方的立法,起到榜样作用。2014 年 6 月 19 日颁布的《上海市查处车辆非法客运若干规定》,有效地针对社会上存在的问题进行立法,并取得了良好的效果,吸引其他地方前来学习、取经。这证明上海的地方立法对其他地方的立法也具有借鉴意义。

上海与其他地方的立法有所相同,又有所不同:上海的立法与改革决策具有更亲密的关系,同时,上海担负着使自己的改革经验可复制、可推广的责任。上海自贸区领域的法律规定与相关制度建设,得到了中央的肯定,相继在其他地方开展自贸区的建设。

二、适应、引领、保障改革是上海地方性立法的一贯特色

(一) 上海的改革性地方立法与国家的改革开放进程遥相呼应

1978 年,十一届三中全会的召开拉开了我国改革开放的帷幕,作出把全党工作重心转移到经济建设上来的重大决策。与此相适应,我国必须认真地发展

---

① 参见李维国著:《人大代表议案建议制度研究》,中国民主法制出版社 2014 年版,第 11—16 页。

社会主义民主和健全社会主义法制。[①] 1979 年 6 月,提交到五届人大二次会议上的 7 个法律草案,是围绕我国改革开放决策而制定的法律草案,以组织法为代表的改革性法律草案。正是这部组织法,赋予了省级人大及其常委会制定地方性法规的权力。

1. 1979—1997 年前后的共同探索。与国家层面选举法和代表法相呼应,1980 年 3 月 5 日,上海市人大常委会通过了《上海市区、县人民代表大会代表选举暂行实施细则》,这是上海制定的第一部地方法规,紧紧地配合、细化国家的选举法,加强自身的组织建设。随后,因为这一时期,国家对如何进行经济建设尚缺少经验和明确的方向,加上"文化大革命"后,紧迫的任务是恢复各项政权机构。这决定了 1979 年之后的很长时间内,我国立法的重点是以《关于建国以来党的若干历史问题的决议》和邓小平的《党和国家领导体制的改革》为核心的政权和国家机构建设方面的立法。

上海也紧紧抓住这个机会,围绕人大及其常委会自身的组织建设制定了相应的地方法规。代表选举的实施细则、加强常委会与人大代表的联系、人大常委会的工作制度等法规都是在这一时期制定的,虽然大部分都已废止,但是它们的意义不变。此外,上海市人大及其常委会根据行政管理的需要,也制定了一些涉及水产养殖、港口和集市贸易的地方法规,以及有关社会管理方面的法规。

在探索的过程中,1992 年邓小平在南方的讲话,确定并促进了我们对市场经济的认识和立法。对市场经济有了清晰和理性的认识之后,在十四大上,党明确提出建立社会主义市场经济体制的目标。上海也加快了对相关领域的立法,产品质量、合资经营企业劳动人事管理、技术市场、出租汽车、反不正当竞争、价格管理等关于市场经济的法规相继出台,不仅促进了地方的市场发展,而且为国家层面立法的推动添加了信心。

2. 1997 年之后的成熟立法。1997 年,党的十五大确定"依法治国,建设社会主义法治国家"。这项决定反映在上海市的地方立法上,就是及时修改、废止一些不符合法治要求的法规,并且另行制定社会关切但立法空白的法规,以规范社会生活,使国家的法治建设方略得到落实。2000 年,国家立法法的颁布,对地方立法产生了深刻的影响。立法法中确立了地方性法规的地位,并对地方性法规在法律上作出规范。为了更好地实施这部规范地方法规的法律,上海市十一届人大四次会议通过了《上海市制定地方性法规条例》,对法规制定的程序与标

---

① 参见《彭真文选》(1941—1990 年),人民出版社版,第 368 页。

准作出规定。自此,上海的立法更加成熟、从容。

这一时期,上海的地方立法的改革特色不仅体现在执行性立法方面,更体现在先行性立法方面。1992 年,党的十四大作出"以上海浦东开发开放为龙头,进一步开放长江沿岸城市,尽快把上海建成国际经济、金融、贸易中心之一"的重大战略决策。这一决定为上海的重点领域立法确定了方向。《上海市民用机场地区管理条例》《上海市拆除违法建筑若干规定》《上海市房屋租赁条例》《上海市鼓励引进技术的吸收与创新的规定》《上海市促进农业科技进步若干规定》等相关法规都为贯彻实施党的改革决策创造了良好的法治环境。

2009 年 4 月 14 日,国务院发布《国务院关于推进上海加快发展现代服务业和先进制造业建设国际金融中心和国际航运中心的意见》,提出国际金融中心建设的总目标是: 到 2020 年,基本建成与我国经济实力以及人民币国际地位相适应的国际金融中心地位。同年,与国家的改革决策相适应,《上海市推进国际金融中心建设条例》就得到了颁布实施,这是我国第一部专门促进国家金融中心的地方法规,并为上海关于金融的各方面建设提供了法律依据。之后,在国家自2001 年颁布实施的各项金融法律的支撑下,上海金融的法治环境不断得到优化,信用和支付体系也得到了长足的发展,防范风险的能力也有所增强。

《上海市推进国际贸易中心建设条例》也由上海市第十三届人民代表大会常务委员会第三十七次会议于 2012 年 11 月 21 日通过。《上海市推进上海国际航运中心建设条例》预计很快就会得到颁布。国家提出的上海"四个中心"建设,在地方法规层面得到了保障和规范。

1997 年之后到中共十八大召开之前,上海逐渐形成了稳重的制定地方法规的制度。同时,虽然,地方政府规章不同于地方法规,也没有被纳入中国特色社会主义法律体系之中,但是,它是地方法规的重要补充。在上海制定关于改革、社会领域建设的地方法规之后,政府规章在对法规的具体化实施或者为法规的实施提供配套的规范,直至为上海落实国家的改革开放决策创造良好的法治环境等方面发挥了关键的作用。

(二) 十八大召开之后使上海地方立法与国家的改革决策更加契合

中共十八大召开之后,进一步全面深化改革战略的提出,使上海地方立法特色又集中体现为先行、先试,努力做到可复制、可推广。2013 年,国务院批准《中国(上海)自由贸易试验区总体方案》,其中,明确规定:"要扩大服务业开放、推进金融领域开放创新,建设具有国际水准的投资贸易便利、监管高效便捷、法制环境规范的自由贸易试验区,使之成为推进改革和提高开放型经济水平的'试验田',形成可复制、可推广的经验,发挥示范带动、服务全国的积极作用,促进各地区共同发展。"这就以授权的方式,授予了上海在这方面的立法空间和自主性。2013年,中国(上海)自由贸易试验区的挂牌成立,为上海的立法提出了挑战。在维护国家法制统一的前提下,2014年,《中国(上海)自由贸易区实验条例》颁布实施。随后,根据上海自由贸易实验区地方法规的实施以及各项制度的建立,国家又在广东、天津和福建成立自由贸易试验区。在立法保障与引领的作用下,上海的地方立法和制度建设的试点作用获得了成功,真正做到了立法决策与改革决策同步,并且可复制、可推广。

除此之外,2014年12月28日第十二届全国人民代表大会常务委员会第十二次会议通过了,授权国务院在中国(广东)自由贸易试验区、中国(天津)自由贸易试验区、中国(福建)自由贸易试验区以及中国(上海)自由贸易试验区扩展区域内,暂时调整《中华人民共和国外资企业法》《中华人民共和国中外合资经营企业法》《中华人民共和国中外合作经营企业法》和《中华人民共和国台湾同胞投资保护法》规定的有关行政审批,并列举出暂时调整行政审批的目录。上述行政审批的调整在3年内试行,对实践证明可行的,修改完善有关法律;对实践证明不适宜调整的,恢复施行有关法律规定。在这样的授权之下,上海的地方性法规又有了一定的自主立法空间。

针对中共十八大提出的"创新驱动发展战略",虽然,在国家立法方面已经有了《中华人民共和国科技进步促进法》和1996年的《中华人民共和国促进科技成果转化法》,并于2015年得到修正,在上海地方立法层面,2010年上海市人大常委会制定了《上海市科学技术进步条例》。但是,根据中共十八大的决定,2013年,上海市人大常委会作出了关于促进改革创新的决定,在这项决定中指出,对于改革创新中法律、法规和国家政策未规定的事项,可以在职权范围内作出规定,即充分发挥上海地方立法的能动作用,引领、保障改革创新。2015年,上海市委又提出了《关于加快建设具有全球影响力的科技创新中心的意见》。这些改革发展的策略,既为上海制定地方性法规提供了机遇,又为它带来了挑战。改革中的难点,也是立法中的难点。如何在现有的法律框架内,在维护国家法制统一的前提下,地方性法规的制定在本地特色上下功夫、在有效管用上做文章,这是一个值得深思的问题。

针对《立法法》的修改,上海市人大常委会积极实行对接,市十四届人大常委会第24次会议表决通过了关于修改《上海市制定地方性法规条例》的决定,修改后的条例在加强公民参与立法、提高立法民主化方面有了新的规定。

此外,2015年11月9日上午召开的中央全面深化改革领导小组第十八次会议上通过的8个文件中,《上海市群团改革试点方案》和《关于加快实施自由贸易区战略的若干意见》两个文件有针对性地将试点的工作交给上海,这又为上海的先行、先试方面的立法提供了契机和挑战。

十八大之后,上海的立法重点虽然是将立法决策与改革决策相结合。但是,其他领域的立法也有发展:在保障民生方面,《上海市养老机构条例》的制定,为老年人的权益保障提供了规范,建立改革成果共享机制;在保障国家工作人员廉洁性方面,《上海市预防职务犯罪工作若干规定》的制定,进一步落实国家的反腐败政策;在维护宪法尊严、加强宪法职责在公职人员心中的权威感方面,2015年11月17日召开的上海市十四届人大常委会二十四次会议上,审议了《上海市实施宪法宣誓制度办法(草案)》。根据这项草案,上海各级人民代表大会选举或者表决通过,市和区、县人民代表大会常务委员会决定任命或者任命的国家工作人员,以及各级人民政府、人民法院、人民检察院任命的国家工作人员,在就职时应当公开进行宪法宣誓。上海拟实施宪法宣誓制度,国家工作人员就职时应公开宣誓。这项法案的通过实施为实现依宪治国敲响了思想上的警钟。上海一直走在改革开放的前沿,在多年的地方立法实践中,已经积累了丰富的立法经验和立法技术,十八大以来,国家的各项改革决策,上海都有参与并发挥关键作用,地方立法的引领、保障改革的定位在上海越来越清晰、越来越坚定。

30多年来,上海的地方性法规绝不仅限于上述部分,而是已经覆盖了社会的各个领域。在城市的运行安全和科学管理方面,有2012年执行国家立法的上海市实施《中华人民共和国突发事件应对法》办法,有2014年的《上海市查处车辆非法客运若干规定》,对公民的出行安全制定了相应的法规等;在加强和改进保障民生、维护社会公平正义方面,2014年制定了《上海市养老机构条例》,2013年修订了《上海市未成年人保护条例》等;在文化、生态文明方面,2014年制定了《上海市文物保护条例》,2014年修订了《上海市大气污染防治条例》并首次实行江浙沪皖联合开展大气污染的防治工作,2015年修订了《上海市绿化条例》;在上海市人大及其常委会的自身组织建设方面,也有相应的法规规定。然而,上海的地方法规更加引人注目的是它关于国家改革决策方面的立法,这是它的生命力所在。

三、上海数十年的立法历程积累了丰富的经验

随着国家立法进程大踏步地往前走,积累了丰富的经验,并且根据国家、社会的发展和我国法律的制定经验和实施情况,不断地丰富立法指导思想。在国家层面,改革开放之初,立法刚起步阶段的"有比没有好,快搞比慢搞好"的立法

策略,同时,因为我国是单一制的大国,各地的实际情况差异较大,因此,在法律内容上,遵循粗放立法的原则,以留待各地具体制定细则,这也是赋予各地立法权的初衷。国家立法 30 多年来,我们立法的步子迈得越来越稳,立法的指导思想也有新的变化:进行精细化立法,提高立法质量,用立法引领、保障改革。在地方立法层面,除了执行性立法、地方事务性立法之外,先行性立法一直是地方的特色,在国家立法思想的指导下,上海的地方立法在各方面都取得了丰富的经验。

(一)立法指导思想既具有全局性又有地方性

上海的地方性立法与其他的地方性立法既有相同的一面也有不同的一面:我国的地方性立法在执行性立法和地方事务方面的立法方面都有相同的职责,即在维护国家法制统一、遵循上位法的前提下,制定符合本地区实际情况的地方性法规;对于上海来说,国家立法的"试验田"地位使得它的立法指导思想又具有鲜活的地方特色。

上海地方立法指导思想的全局性是指,紧紧围绕着国家的立法指导思想,既不照抄照搬,也不偏离国家的指导思想,单纯地追求地方的立法特色,立法指导思想的全局性,既是我国法律体系的要求,也是我国宪法第 100 条和组织法中"不抵触"条款的明确要求。地方性的立法指导思想是指,充分结合上海的地区特色、地理特色和人文特色制定适合上海的、有用的地方性法规,在有效、管用上下功夫,以达到充分落实国家的法律思想。例如,上海市人大常委会制定的《上海市查处车辆非法客运若干规定》,一共七条,但是取得了良好的社会效果,这是地方立法在"地方特色上下功夫、在有效管用上做文章"①的典型例子。

为了保障公民依法集会游行示威的权利,实现社会的稳定,1989 年 10 月 31 日,全国人大常委会通过了《中华人民共和国集会游行法》。为了更好地贯彻实施这部法律,1990 年 1 月 9 日,上海就通过了上海市实施《中华人民共和国集会游行示威法》办法,结合上海经济较为发达、矛盾也较多的实际情况,制定了该法的执行性规定,很好地贯彻了法律的精神,维护了社会的稳定。

即使是在具有较大立法空间的改革开放领域,如果涉及属于国家层面的权力,没有国家的授权,上海积极地争取获得国家的授权或者相关领域的法律出台,也坚守住维护国家法制统一的底线。

(二)在实践中蹚出一条民主立法、科学立法的地方道路

民主立法是从立法程序方面对立法的阐释,公民在立法过程中是否以及在

---

① 张德江:推进赋予设区的市地方立法权工作标准不能降。张德江在第 21 次全国地方立法研讨会上的讲话。

多大程度上参与了立法，法律案内容的来源与提出是否是民主的，法律案审议过程中是否权衡了各方利益、充分地进行了讨论等都是衡量民主立法的因素。科学立法是从立法的内容和立法的结果对立法的考量，法律案的内容是否真正回应了民众关切、是否是社会领域急切需要的规范，是否遵循了事物的发展规律等都是科学立法的考量因素。上海的地方性立法在 30 多年的摸索、实践中，已经走出了一条符合实际、符合规律的科学立法、民主立法之路。

1986 年《上海市人民代表大会常务委员会制定地方性法规程序的暂行规定》是上海市制定的第一部专门规范地方法规程序的法规，1990 年《市人民代表大会议会规则》对地方人大常委会审议法规的程序作了进一步的规定，到 1998 年《关于进一步加强地方立法工作的几点意见》，再到 2000 年立法法的颁布对地方立法权的行使作出规范，之后，2001 年上海市通过了《上海市制定地方性法规条例》，对地方性法规案的提出到公布等程序作了较为全面的规定，在这一阶段，上海对地方性法规的民主性和科学性作出了有益的探索。

1. 改变法规案在市人大常委会中经过"一审"就获得通过的"一审制"，逐步调整为"两审三表决制"为主、"两审制"为辅的审议制度①，充分发挥市人大代表的作用，对法规案进行充分讨论、修改，为制定科学的法规打下了程序上的基础。

2. 建立了"搁置审议制度"。专门委员会或者常委会组成人员 5 人以上认为制定法规的必要性、可行性方面存在重大问题，可以提出搁置审议的动议，这就为提高立法质量提供了很好的制度。

3. 确立了单独表决制度，《上海市人大议事规则》第 69 条第二款规定："较多的代表对提请表决的议案、动议、决定草案中的部分条款有不同意见的，经主席团决定，可以将部分条款分别付之于大会全体会议表决。"这就将单独表决机制纳入了立法过程，并且在 2015 年修改、2016 年 3 月起实施的《上海市制定地方性法规条例》中，重新规定了"单独表决制度"：地方性法规草案表决稿交付常委会会议表决前，主任会议根据常委会会议审议情况，可以决定将个别争议较大的重要条款提请常委会会议单独表决。根据单独表决情况，主任会议可以决定其是否交付表决。这样的规定不仅提高了立法的效率而且有助于制定出科学的法规，使得它符合民众的意愿并且发自内心地遵守法规。

4. 立项论证制度的建立。立项论证，是对立法规划、计划申报项目进行筛选的重要依据，是保证立项的科学性，从源头上把好立法入门关的有力抓手。为做好立项工作，上海市人大常委会从制度建设和实践探索两方面入手推进工作。

---

① 郑辉：《上海人大立法三十年：历程、经验、前瞻》，《人大研究》2010 年第 5 期。

制度建设方面,2009 年 8 月,常委会主任会议讨论通过了《上海市人大常委会立法项目立项论证工作试行办法》,其中,对立项论证的适用范围、论证内容、论证工作及论证报告的具体要求,以及立项决定的作出等方面作了明确规定。立项论证坚持以问题为导向,着重论证必要性、针对定、可行性,立法起草不搞"大而全",不抄袭上位法,坚持"有几条规定几条",做到法条具体、具有可操作性。立项论证工作试行办法正式出台后,从 2010 年起,立项论证制度就被全面引入了每年度的立法计划编制工作中,对保证立法计划的科学性具有重大意义。

2015 年 1 月,上海市十四届人大三次会议第三次全体会议上表决通过了《上海市实施〈中华人民共和国全国人民代表大会和地方各级人民代表大会代表法〉办法》《上海市人民代表大会关于代表议案的规定》《上海市人民代表大会关于代表建议、批评和意见的规定》("一办法两规定")。这对于充分发挥人大代表在提出的意见和建议转化为立法项目具有极大的促进作用,如修改完善《上海市住宅物业管理规定》、修订《上海市烟花爆竹安全管理条例》、制定急救医疗地方性法规等地方性法规,都是根据代表议案转化而来的。

2015 年立法法的修改,对于上海地方性法规的民主化和科学化提出了更高的要求,为了迎接这一挑战,2015 年 11 月,上海市十四届人大常委会第 24 次会议表决通过了关于修改《上海市制定地方性法规条例》的决定,修改后的条例将上海市地方性法规的民主化和科学化程度提高到一个新的高度。

四、上海地方性立法面临的挑战

机遇总是与挑战相伴而生,上海的地方性立法在享受着国家改革决策送来的机遇的同时,也面对着挑战。

(一) 十八大之后,深化改革策略带来的新挑战

如上所述,十八大以来,上海的地方性立法迎来了较大的立法自主权,国家进一步深化改革的具体措施,大都是在上海进行试点的,上海的先行性、实验性立法有了很大机遇。但是如何在维护国家法制统一、遵循单一制体制下的立法体系,让改革决策与立法决策相衔接、立法引领改革是摆在上海的一道难题。

在自贸区建设方面,虽然目前已经有了相关的地方性法规,但是仍然较为原则,如何进一步地细化规定,进行具体、细致的制度建设,存在较大的困难,这是挑战之一。其次,自贸区建设依据的政策性意味太浓。2013 年国务院印发的《中国(上海)自由贸易实验区总体方案》是上海自贸区建设的依据,然而这是政策方面的,与习近平总书记提出的"凡属重大改革要于法有据"不甚相符。如何

做到将立法决策与改革决策相衔接,上海的立法机关仍然需要睿智对待。此外,上海在自贸区立法方面的空间受到限制。虽然全国人大常委会已经授权国务院在上海自贸区暂停实施部分法律,但是有明确的时间限制,并且授权决定中没有规定时间到期后该当如何,这就使得上海的地方性立法在这方面不能作出很好的预测和规定,其前瞻性受到限制。最后,上海自贸区的建设成效,与我国探索新的经济模式以应对和适应新的国际贸易规则体系有极大的关系。国际上,美国正积极推动与欧洲缔结《跨大西洋贸易与投资伙伴关系》(TTIP)与亚洲达成《跨太平洋战略经济伙伴协定》(TPP)等协定,由此,WTO红利对我国经济进一步发展的带动作用逐渐减弱。因此,上海自由贸易区在带动我国经济新一轮增长的示范方面,承受着期望和压力。

在国际金融中心建设方面,由于国家层面的一部分立法上没有修订或处于空白状态,这就为上海在这方面作出"增强法律法规的及时性、系统性、针对性、有效性"的立法增加了困难,尤其是对于金融这样一个特殊的领域来说,机遇很重要。近年来,虽然国家的法律和国务院的行政法规在金融方面的立法已经有很大的发展,基本上覆盖了多方面,但是对于满足上海国际金融中心的建设而言,仍然是任重而道远:我国的金融立法最新的是2009年的保险法,而像票据法等金融的核心却是在2004年制定的;国务院的行政法规最新的是2008年的《外汇管理条例》。因此,如何在国家立法滞后或空白的前提下,在维护中央与地方关系的基础上,上海的立法发挥主观能动性,制定出有利于金融中心建设的法规,是非常困难的。可喜的是,全国人大常委会已将票据法列入了修改的计划。

由于我国各个领域的法治建设起步较晚,而现实的需求又远远超过了我们的法治现状,这样的实际情况决定了上海的地方性立法在先行性方面遇到的困难会大于机遇。

(二) 如何进一步实现科学立法、民主立法进而提高立法质量是又一难题

"提高立法质量是一项系统工程,涉及包括立法质量标准,立法体制机制,立法原则和指导思想,以及立法技术规范等各个方面。"[①]科学立法、民主立法当然是提高立法质量的关键环节。

上海的地方性立法要做到科学立法、民主立法,提高立法质量,需要面临处理以下方面的关系的问题。

---

① 乔晓阳:《把提高立法质量作为加强和改进立法工作的重点——在第十九次全国地方立法研讨会上的讲话》,2013年11月17日。

1. 正确处理党的领导与人大主导立法的关系。党的领导是思想、路线、方针方面的领导,为国家的改革导航,人大主导立法就是要将党制定的改革策略上升为法律。对于上海的地方性立法来说,更是如此,如何更好地将国家的改革策略在上海的试点工作上升到地方性法规,用立法保障党的改革措施得到顺利实施,是上海地方性法规制定的核心与重点。要充分发挥党委在立法方面的组织协调作用,做到重大决策请示汇报,这样才能维护国家的法制统一、保证地方性法规不偏离改革的方向。

2. 充分发挥人大代表在立法方面的作用。到目前为止,没有一件地方性法规是由人大代表提出法规案,直接进入审议程序而被通过的。大都是由政府机关提出而被通过的。这不利于消除立法中的部门利益问题,尤其是在改革这一触及各方利益的方面。同时,这也不利于发挥人大代表在立法中的积极作用,立法要科学,首先得民主,只有充分发挥人大代表在提出法规案方面的权利,人大代表才有动力发现民众的真实立法需求,真正做到改革受到人民的拥护和赞成,真正做到科学地反映民众的改革需求。

3. 正确划分地方性法规与政府规章的权限。地方性法规与政府规章的权限有重合的部分,但是其性质不同就决定了发挥作用的领域也不相同。在改革这一具有提纲挈领作用的立法领域,制定地方性法规义不容辞。在具体实施地方性法规的方面,政府规章负有不可推卸的责任。

4. 制度建设要落实到位,不能只是停留在纸面上。例如,上海的地方性法规早就制定了单独表决的审议制度,但是至今没有启动过一次,这不得不说是一种遗憾。

图书在版编目(CIP)数据

沪上观澜:第二届上海学学术研讨会论文集/何小刚主编.—上海:上海社会科学院出版社,2017
ISBN 978-7-5520-1901-8

Ⅰ.①沪… Ⅱ.①何… Ⅲ.①社会科学—文集 Ⅳ.①C53

中国版本图书馆 CIP 数据核字(2017)第 032079 号

沪上观澜

——第二届上海学学术研讨会论文集

主 编:何小刚
责任编辑:路征远
封面设计:黄婧昉
出版发行:上海社会科学院出版社
　　　　　上海顺昌路 622 号 邮编 200025
　　　　　电话总机 021-63315900 销售热线 021-53063735
　　　　　http://www.sassp.org.cn E-mail:sassp@sass.org.cn
排 版:南京展望文化发展有限公司
印 刷:江苏凤凰数码印务有限公司
开 本:710×1010 毫米 1/16 开
印 张:11
插 页:2
字 数:197 千字
版 次:2017 年 3 月第 1 版 2017 年 3 月第 1 次印刷

ISBN 978-7-5520-1901-8/C·149 定价:49.80 元